शौर्यगाथा-1

राम प्रताप सिंह

Made with ♥ on the Notion Press Platform
www.notionpress.com

यह रचना श्रद्धांजली है भारतीय सेना के उन वीर सैनिकों को जिन्होंने देश की रक्षा के लिए अपने प्राणों का बलिदान कर दिया |

क्रम-सूची

क्रम-सूची

प्रस्तावना

शौर्यगाथा भारतीय सेना के उन बहादुर सैनिकों की कहानी है जिन्होंने अपने देश की रक्षा के लिए अपने प्राणों की बाजी लगा दी| मातृभूमि की सेवा ऐसी कर्तव्य भावना है जो सभी कर्तव्यों से ऊपर है| भारतीय सेना के सैनिकों के अंदर यह भावना उनके लहू के हर कतरे में बहती है| यही वजह है कि समय आने पर वे अपने प्राणों का बलिदान करने से भी पीछे नहीं हटते| इतिहास गवाह है कि समय आने पर कोई भी भारतीय सैनिक अपने कर्तव्यपथ से कभी पीछे नहीं हटा चाहे इसके लिए उसे अपने प्राणों का उत्सर्ग ही क्यों न करना पड़ा हो| यह युद्ध की ऐसी ही प्रेरणादायक कहानियों का संग्रह है|

देश की रक्षा के लिए सीमा पर तैनात भारतीय सैनिक न सिर्फ दुश्मन सेना के साथ हुई जंग में जीतकर तिरंगा फहराते हैं बल्कि हमारे सैनिक अपनी भावनाओं से देश का दिल भी जीत लेते हैं। 2 राजपुताना राइफल्स के कैप्टन विजयंत थापर ने शहादत के ठीक पहले अपने परिजनों को ऐसा ही दिल जीतने वाला एक पत्र लिखा था,

डीयर पापा,

"जब तक आप लोगों को यह पत्र मिलेगा, मैं ऊपर आसमान से आपको देख रहा होऊंगा और अप्सराओं की सेवा-सत्कार का आनंद उठा रहा होऊंगा। मुझे कोई पछतावा नहीं है कि जिंदगी अब खत्म हो रही है, बल्कि अगर फिर से मेरा जन्म हुआ तो मैं एक बार फिर सैनिक बनना चाहूंगा और अपनी मातृभूमि के लिए मैदान-ए-जंग में लड़ूंगा।

अगर हो सके तो आप लोग उस जगह पर जरूर आकर देखिए, जहां आपके बेहतर कल के लिए हमारी सेना के जांबाजों ने दुश्मनों से लोहा लिया था। जहां तक इस यूनिट का सवाल है, तो नए आने वालों को हमारे इस बलिदान की कहानियां सुनाई जाएंगी और मुझे उम्मीद है कि मेरा फोटो भी अल्फा कंपनी के मंदिर में करणी माता के साथ रखा होगा।

आगे जो भी दायित्व हमारे कंधों पर आएंगे, हम उन्हें पूरा करेंगे। मेरे आने वाले धन में से कुछ भाग अनाथालय को भी दान कीजिएगा

और रुखसाना को भी हर महीने 50 रुपए देते रहिएगा और योगी बाबा से भी मिलिएगा।

बेस्ट ऑफ लक टू बर्डी। हमारे बहादुरों का यह बलिदान कभी भूलना मत। पापा, आपको अवश्य ही मुझ पर गर्व होगा और मां भी मुझ पर गर्व करेंगी। मामाजी, मेरी सारी शरारतों को माफ करना। अब वक्त आ गया है कि मैं भी अपने शहीद साथियों की टोली में जा मिलूं। बेस्ट ऑफ लक टू यू ऑल, लिव लाइफ किंग साइज।

आपका बेटा, रॉबिन (विजयंत को घर में प्यार से रॉबिन बुलाया जाता था)

कारगिल युद्ध में सेना की सर्वोच्च परंपरा का पालन करते शहीद हुए 2 राजपुताना राइफल्स के कैप्टन विजयंत थापर का लिखा यह पत्र पढ़कर कोई भी यह समझ सकता है कि लड़ाई के मोर्चे पर भारतीय सैनिकों के हौसले कितने बुलंद होते हैं। यह पत्र एक ऐतिहासिक दस्तावेज की तरह है, जो आने वाली तमाम पीढ़ियों को देशभक्ति और कर्तव्य-पालन की प्रेरणा देता रहेगा।

इस कहानी संग्रह में आप पढ़ेंगे परमवीर चक्रविजेता हवलदार अब्दुल हमीद की कहानी जिसने पाकिस्तान के 8 टैंक बर्बाद कर दिए थे, सूबेदार मेजर बाना सिंह की कहानी जिसने सियाचिन में बर्फ से ढँकी 21000 फुट ऊंची चोटी पर चढ़ाई करके पाकिस्तान से पोस्ट वापस ले लिया था ,लांस नायक अल्बर्ट एक्का की कहानी जिसने अदम्य साहस का परिचय देते हुए जख्मी हालत में भी रेंगते हुए टावर पर चढ़ गया और फायर करती हुई दुश्मन की मशीन गन की बैरल को ही दुश्मन के हाथों से खींच लिया जिसकी वजह से 14 गार्ड्स बटालियन ढाका तक विजय अभियान करने में सफलता पाई , सिपाही जसवंत सिंह की कहानी जिसने अकेले ही 300 चीनियों को मौत के घाट उतार दिया, कैप्टन विक्रम बतरा की कहानी जिसने 'ऑपरेशन विजय' में कारगिल की चोटियों को पाकिस्तानियों से छीन लिया था, कैप्टन मनोज पांडे की कहानी जिसने साक्षात्कार के दौरान कहा था "मैं परमवीर चक्र जीतने के लिए सेना में जाना चाहता हूँ" और उन्होंने कर दिखाया,सूबेदार मेजर योगेंद्र यादव की कहानी जो कारगिल युद्ध में 17 गोलियां लगने के

बावजूद भी पाकिस्तानी सैनिकों को मौत के घाट उतार दिया और अंततः उनकी सूचना की बदौलत उनकी बटालियन ने कारगिल की चोटियों पर विजय प्राप्त की, लेफ्टिनेंट अरुण खेतरपाल की कहानी जिन्होंने दुश्मन के 4 टैंक बर्बाद कर दिए और घायल होने के बावजूद भी रण क्षेत्र से वापस आने के लिए यह कहते हुए मना कर दिया कि 'सर, मेरी गन अभी काम कर रही है,मैं दुश्मनों को खत्म करके ही वापस लौटूँगा',23 साल के सिपाही गुरतेज सिंह की कहानी जिसने निहत्थे ही चीनी सेना के 12 सैनिकों को मौत के घाट उतार दिया, जनरल इयान कारडोजो की कहानी जो भारत पाक युद्ध के दौरान अपना पैर गवां बैठे और चिकित्सा न मिलने पर खुखरी से ही अपना पैर काट डाला, ब्रिगेडियर कुलदीप सिंह चांदपुरी की कहानी जिन्होंने 120 सिपाहियों के साथ 3000 सैनिकों से मुकाबला किया और दुश्मनों के 12 टैंक बर्बाद कर दिए, जनरल सगत सिंह राठौर की युद्ध नीति जिसने भारत-पाक युद्ध में 93000 पाकिस्तानी सैनिकों को आत्मसमर्पण के लिए मजबूर कर दिया| ऐसी ही बहादुरी और जोशपूर्ण कहानियों से भरा यह कहानी संग्रह **शौर्यगाथा-1** मेरा 25 वां उपन्यास है| मुझसे पत्र व्यवहार का पता rps1959@gamil.com Mobile No 7000153809

भूमिका

राम प्रताप सिंह भारतीय सेना, मैकनाइज्ड इनफेन्ट्री रेजीमेंट व सीमा सुरक्षा बल में एक सैन्य अधिकारी थे | उन्हे सैन्य सेवा का 36 वर्षों का अनुभव है| उन्होंने A(English),LLM, PGDHR (Post Graduate Diploma in Human Rights), DLL&LW (Diploma in Labour Laws and Labour Welfare),Diplomaa in Cyber Laws, MDBA(Master Diploma in Business Administration)में मास्टर्स डिग्री व डिप्लोमा हासिल किया है | सैन्य सेवा से मुक्त होने के बाद उन्होंने वकालत का पेशा भी अपनाया | अब वह अपना पूरा समय पठन-पाठन व लेखन में देते हैं| "शौर्यगाथा-1"हिन्दी भाषा मे लिखा गया उनका 25 वांउपन्यास है |

मुझे बचपन से ही महापुरुषों की जीवनियां और प्रेरणादायक कहानियाँ पढ़ने में रुचि थी | सन 1971 में भारत-पाकिस्तान का युद्ध हुआ| मेरे पिता मुझे उस युद्ध की किताबें पढ़ने को देते थे | उन प्रेरक काहानियों को पढ़ कर मेरा मन सेना में जाने को मचल उठता था पर मेरी उम्र अभी 12 साल ही थी | मेरे अवचेतन मन में सेना में जाने का विचार इतनी गहराई से बैठा कि मैंने उसे अपना लक्ष्य बना लिया | और जब मेरी उम्र सेना में जाने लायक हुई तो मैं दिलो जान से प्रयास में लग गया| अंततः मुझे तीसरे प्रयास में सफलता मिली | सेना में रहते हुए मैंने यह महसूस किया कि योद्धाओं की कहानियाँ सरल शब्दों और संक्षिप्त रूप में लिखी जाएँ और आमजन तक पहुंचाई जाएँ | मैं कुछ अपने अनुभव, और कुछ साहित्य और समाचार पढ़कर सामग्री जुटाने लगा| मैंने युद्ध में भाग लेने वाले सैनिकों से भी साक्षात्कार किया और इस तरह शौर्यगाथा की पहली कड़ी लिखने में कामयाबी मिली जो आपके हाथों में है| यदि इस प्रेरणादायक युद्ध की कहानी संग्रह को पढ़कर किसी को भी जीवन में कुछ अच्छा कर गुजरने की प्रेरणा मिल सकी तो मैं समझूँगा कि मेरा यह प्रयास सफल रहा|

पावती (स्वीकृति)

मैं उन सभी सैन्य अधिकारियों,पत्रकारों और साहित्यकारों का तहेदिल
से आभारी हूँ जिनके अनुभवों ,रचनाओं और लेखों से मैंने प्रेरणा ली है
और उनकी शौर्यगाथा को कहानी संग्रह के रूप में प्रकाशित किया है|

1

लांसनायक अल्बर्ट एक्का, परमवीर चक्र

"हमारा झण्डा इसलिए नहीं फहराता कि हवा चल रही होती है, ये हर उस जवान की आखिरी साँस से फहराता है जो इसकी रक्षा में अपने प्राणों का उत्सर्ग कर देता है।"

– भारतीय सेना

लांस नायक अल्बर्ट एक्का का जन्म 27 दिसंबर 1942 को झारखंड राज्य के गुमला जिले के जरी गांव में हुआ था। श्री जूलियस एक्का और श्रीमती मरियम एक्का के पुत्र अल्बर्ट स्वभाव से साहसी थे और हमेशा भारतीय सेना में शामिल होने का इरादा रखते थे। उनका सपना तब हकीकत में बदल गया जब 27 दिसंबर 1962 को 20 साल की उम्र में वह सेना में भर्ती हुए। उन्हें 'ब्रिगेड ऑफ द गाइर्स' की 14वीं बटालियन में भर्ती किया गया था, जो एक पैदल सेना रेजिमेंट है और अपने निडर सैनिकों तथा विभिन्न युद्ध कारनामों के लिए जानी जाती है। वह एक उत्कृष्ट खिलाड़ी भी थे, जो विभिन्न खेलों, विशेषकर हॉकी में उत्कृष्ट प्रदर्शन करते थे। चूंकि एक्का एक आदिवासी क्षेत्र से आते थे, इसलिए बचपन से ही तीर-कमान चलाने जैसे खेलों में उनकी ख़ासी रुचि थी। साल 1962 में अल्बर्ट एक्का भारतीय सेना का हिस्सा बनने में सफल रहे।

2 दिसंबर 1971 की बात है, भारत -पाकिस्तान का युद्ध छिड़ चुका था | पाकिस्तानी सेना ने अगरतला को जीतने का लक्ष्य निर्धारित कर लिया था, क्योंकि यह अंतरराष्ट्रीय सीमा के निकटतम राज्य त्रिपुरा की राजधानी थी।यह शहर मुक्ति संग्राम के लिए रणनीतिक योजना का केंद्र भी था। अतः पाकिस्तान को लगा कि इस राज्य की राजधानी पर कब्जा करने से पाकिस्तान विजयी स्थिति में आ जाएगा। अगरतला को बचाने की ज़िम्मेदारी 14 गार्ड्स रेजिमेंट के जवानों को सौंपी गई थी, जिसमें लांस नायक अल्बर्ट एक्का भी शामिल थे।

इस कहानी के लेखक से एक साक्षात्कार में सतना शहर (मध्य प्रदेश) के रहने वाले 14 गार्ड्स रेजीमेंट के सेवानिवृत सूबेदार मेजर राघवेंद्र सिंह परिहार जिन्होंने लांस नायक अल्बर्ट एक्का के साथ भारत-पाक युद्ध में भाग लिया था, अपने अनुभव साझा करते हुए कहते हैं -मैं उस वक्त गार्डसमैन था| हमारी बटालियन 14 गार्ड्स रेजीमेंट को पूर्वी पाकिस्तान के गंगासागर रेलवे लाइन को कब्जा करने की जिम्मेदारी दी गई थी| गंगासागर की रेलवे लाइन ढाका तक जाती थी| पाकिस्तान की रसद,हथियार और सैनिकों की आवाजाही का यह प्रमुख साधन थी| इस रेलवे लाइन को अपने नियंत्रण में कर लेने से दुश्मन की रसद और हथियारों की आपूर्ति बंद हो जाती| यहाँ से भारत का अगरतला शहर मात्र 14 किलोमीटर की दूरी पर है| उस पर पाकिस्तान ने कब्जा करने की रणनीति बनाई थी|

2 दिसंबर 1971 की रात करीब 12 बजे हमें पूर्वी पाकिस्तान(आज का बांग्लादेश) में घुस कर हमला करना था| हम अगरतला से फौजी गाड़ियों में पाकिस्तान की सीमा तक गए| वहाँ से हम रात में पैदल पाकिस्तान की सीमा में प्रवेश कर गए| उसके पहले हमारे कमांडिंग ऑफिसर ने उस इलाके का हवाई निरीक्षण किया था| हमें बताया गया था कि पाकिस्तान में घुसने के लिए रास्ता कठिन है| पाकिस्तानी सेना मोर्चों पर डटी है| घुसने के लिए कोई रास्ता नहीं बचा है| सिर्फ एक रास्ता है- पानी से भरा एक बहुत बड़ा तालाब|

पूरी बटालियन को रात में उस तालाब के पानी के अंदर से घुस कर पार करने का आदेश दिया गया| शर्त यह थी की हर जवान आपस में 15

मीटर की दूरी रखेगा ताकि पानी में हलचल की आवाज न हो | रात के अंधेरे में 12 बजे करीब 1000 सैनिक अपने हथियार और साजो-सामान के साथ छाती तक पानी में चलते हुए, बिना आहट किये तालाब पार कर गए| चूंकि दिसंबर की ठंड का महीना था,हमारे कपड़े गीले हो चुके थे, जूतों में पानी भर गया था और वो कीचड़ से सन गए थे फिर भी हम उसी हालत में चलते रहे | हमारे पास इतना समय नहीं था की हम वर्दी उतारकर निचोड़ लेते और जूतों का पानी निकालकर फिर से पहन लेते| हमारे साथ खच्चर भी थे जिनके ऊपर मोर्टार लादे गए थे| एक खच्चर तालाब के कीचड़ में फंस गया फिर भी उसने कोई आवाज नहीं की| उस खच्चर ने भी गजब का अनुशासन बरता | खच्चर के हैंडलर के द्वारा उसे निकालने की भरसक कोशिश की गई पर वह निकल नहीं सका और उसकी वहीं मौत हो गई| उस वक्त अगर उस खच्चर ने जरा भी आवाज की होती तो दुश्मन को हमारी कार्रवाई का पता चल जाता पर वह चुप रहा| उस खच्चर का भी इस लड़ाई में योगदान था जो बटालियन के इतिहास में दर्ज है| रात करीब 2 बजे हम गंगासागर के इलाके में पहुँच गए और कुछ दूरी पर रुक गए| सुबह होने के पहले हमारी पूरी बटालियन के जवानों ने रात भर मोर्चा खोदा और छुप गए | अब दुश्मन हमारे आगे और पीछे दोनो इलाकों में मौजूद था| हम उन मोर्चों से बाहर निकल नही सकते थे| यदि दुश्मन को पता चल जाता तो हमारी मौत निश्चित थी| क्योंकि दिन का समय था और हमारे ऊपर एयर स्ट्राइक भी हो सकती थी| हमारी पूरी बटालियन ने खुले मैदान और खेतों में मोर्चा बना कर अपना छुपाव किया था|

3 दिसंबर का दिन था| हम पूरे दिन भूखे प्यासे उन्ही मोर्चों पर छुप कर बैठे रहे| रात होते ही गंगासागर रेलवे स्टेशन को अपने कब्जे में लेने के लिए हमारी बटालियन आगे बढ़ी| रेलवे लाइन ऊंचाई में थी और उसके दोनों ओर ढलान में खेत थे| रेलवे लाइन के साथ साथ चलना हमारे लिए आसान था| हम रेलवे लाइन के ऊपर चलने लगे| तभी अचानक हमारे ऊपर अंधाधुंध फायरिंग होने लगी| हमें इस बात का जरा भी आभास नहीं था कि दुश्मन ने रेलवे लाइन के ठीक नीचे पक्के मोर्चे बनाए हुए थे और किसी भी हमले का सामना करने को तैयार थे| रेलवे लाइन के ऊपर

चलने से नीचे बंकर में बैठे दुश्मन को हमारी गतिविधि का पता चल गया था | इस अचानक हमले से हमारे जवान जरा भी नहीं घबराए और दुश्मन के मोर्चों के अंदर ग्रेनेड फेंक कर हमला कर दिया| रात का समय था, गुत्थम गुत्था की लड़ाई भी शुरू हो गई| हमारे जवानों ने दुश्मन को मोर्चों से निकलने का मौका नहीं दिया और जान की बाजी लगाकर उनके मोर्चों में ग्रेनेड फेंक कर हमला करने लगे |दुश्मन सेना पूरी तरह अलर्ट हो गई और चारों तरफ से फायरिंग शुरू हो गई| दुश्मन की लाइट मशीनगन की फायरिंग ऊपर से आ रही थी| परंतु यह समझ नहीं आ रहा था की फायरिंग किस स्थान से आ रही थी |

लांस नायक अल्बर्ट एक्का की ब्रावो कंपनी लीड कर रही थी| अल्बर्ट एक्का भी अपनी सेक्सन को लीड कर रहे थे |उन्होंने भी एक बंकर के अंदर ग्रेनेड से हमला कर दिया और 2 पाकिस्तानी सैनिकों को मौत की नींद सुला दिया| उस रात के अंधेरे में रेलवे स्टेशन के सिग्नल टावर से हमारे ऊपर अंधाधुंध लाइट मशीन गन से फायर हो रहा था| दुश्मन ने टावर में मोर्चा लगा रखा था| सभी जवान अपने आपको बचाते हुए रेलवे लाइन के साथ लेटकर फायरिंग कर रहे थे| दुश्मन की फायरिंग की वजह से हमारी बटालियन का आगे बढ़ना रुक गया था| अल्बर्ट एक्का को गोली लग चुकी थी फिर भी वो जमीन पर रेंगते हुए धीरे धीरे उस टावर तक पहुँच गए जहां से फायरिंग हो रही थी | यहाँ उन्होंने अदम्य साहस का परिचय देते हुए टावर की सीढ़ियों से चढ कर ऊपर पहुँच गए और फायर करती हुई मशीन गन की बैरल को झटके से खींचकर अलग कर दिया| दुश्मन के सैनिकों का ध्यान तो ऊपर से अंधेरे में अंधाधुंध फायर करने में लगा हुआ था | इसके पहले कि दुश्मन के सैनिक कुछ समझ पाते अल्बर्ट एक्का ने टावर के अंदर ग्रेनेड से हमला कर दिया| दुश्मन के दोनो सैनिक मारे गए और लाइट मशीनगन का फायर बंद हो गया| चारों तरफ सन्नाटा छा गया|

4 दिसंबर की सुबह हो चुकी थी| गंगासागर रेलवे स्टेशन हमारी बटालियन के कब्जे में आ चुका था परंतु लांस नायक अल्बर्ट एक्का शहीद हो चुके थे | बटालियन के 12 जवान शहीद हो चुके थे| पाकिस्तानी सेना के जवान हर मोर्चे पर मृत पाए गए |उनकी संख्या 100 से भी

ज्यादा थी | उन्होंने अपने मोर्चों पर ऐश करने के लिए औरतों को भी रखा था| उनकी भी लाशें मोर्चे और खेतों में पड़ी मिली | जब हमारी बटालियन के जवानों ने हमला कर दिया तो जान बचाने के लिए वो रात में ही मोर्चा छोड़कर भाग गए |जो नहीं भाग सके और मोर्चों में ही फंस गए उन्हे हमारे जवानों ने मौत के घाट उतार दिया| अपने पीछे उन्होंने भारी मात्रा में हथियार और गोला बारूद छोड़ा था जिसे हमारी बटालियन के जवानों ने कब्जे में ले लिया|

हमारे पास जो हथियार और गोला बारूद था वही उनके पास था | इसकी वजह थी अमेरिका ने भारत और पाकिस्तान दोनो को वही 7.62 एम एम राएफल और लाइट मशीनगन मुहैया कराया था| हमें जीत की खुशी भी थी पर गम उससे ज्यादा गहरा था| हमारे 12 साथी मारे गए थे |उनमें लांस नायक अल्बर्ट एक्का भी थे जिनकी बदौलत हमारी बटालियन ने इतनी बड़ी कामयाबी हासिल की थी| युद्ध क्षेत्र में ही सभी जवानों का अंतिम संस्कार किया गया और श्रद्धांजली दी गई |

हम 48 घंटों से भूखे प्यासे थे| पानी और कीचड़ में चलने की वजह से हमारी वर्दी और बूट बेकार हो चुके थे, पैर गलने लगे थे, भूख के मारे अँतड़ियाँ सूख रही थी| सुबह का उजाला होते ही हमें मोर्चों के नजदीक ही एक खेत में हरियाली दिखाई दी| एक ने कहा,

"सर, उस खेत तक चल कर देखते हैं, शायद कुछ खाने को मिल जाए |"

"दिन का समय है, पाकिस्तानी एयर अटैक हो सकता है", हमारे कमांडर ने कहा|

"सर, एयर अटैक से बाद में मरेंगे पहले भूख से मर जाएंगे, बस आप परमीशन दे दीजिए|" "ठीक है, संभल कर जाओ|"

हम जैसे ही खेत की ओर आगे बढ़े, पाकिस्तानी फाइटर विमान आता हुआ दिखाई दिया| हम तुरंत जमीन पर लेट गए| ठीक उसी वक्त एक भारतीय विमान दूसरी ओर से बड़ी तेजी से आया और पाकिस्तानी विमान का पीछा करने लगा| उस पर भारतीय तिरंगे का निशान था| हमें तसल्ली हो चुकी थी की अब हम सुरक्षित हैं | फिर तो बटालियन के सभी जवान उस खेत पर टिड्डी दल की तरह टूट पड़े और चंद मिनटों में उस

खेत को साफ कर दिया | वह मूली का खेत था | मूली खाकर कुछ राहत मिली| हमें बाद में पता चला कि भारतीय फाइटर विमान ने दुश्मन के दो फाइटर विमानों को उस दिन बर्बाद कर दिया था और साथ ही ढाका विमानतल को काफी नुकसान पहुंचाया था| दोपहर होते होते हमारे पास खाना आ चुका था|

5 दिसंबर 1971 को हमने मालगाड़ी के डिब्बे में अपने भारी हथियार और सामान लादा और डिब्बे को धक्का देते हुए ढाका की ओर बढ़ चले क्योंकि वह अकेला डिब्बा था और उसमें इंजन था ही नहीं| रास्ते में हमें पाकिस्तानी सेना के जवान भागते हुए मिले उन्हे हमने युद्धबंदी बना लिया | कई जगह हमारे ऊपर फायरिंग भी हुई और हमारा एक जवान शहीद हो गया |पर हमें तो ढाका पहुँचने का आदेश मिला था | हम आगे बढ़ते रहे और सारी रुकावटें पार करते हुए करीब 125 किलो मीटर का सफर तय कर पैदल ही ढाका पहुँच गए |हालांकि 12 दिसंबर 1971 को ही पाकिस्तानी सेना ने आत्मसमर्पण कर दिया था पर पूरे देश में जगह जगह तैनात पाकिस्तान की 93000 सेना को जानकारी नहीं मिल पाई थी| अतः 16 दिसंबर 1971 को शाम 4.35 बजे पाकिस्तान के लेफ्टिनेंट जनरल नियाजी ने 93000 सैनिकों के साथ भारतीय सेना के सामने आत्मसमर्पण कर दिया और भारत के लेफ्टिनेंट जनरल जगजीत सिंह अरोड़ा के सामने दस्तावेज पर हस्ताक्षर कर दिए| द्वितीय विश्व युद्ध के बाद का ये सबसे बड़ा सैन्य आत्मसमर्पण था|

गंगासागर की लड़ाई अपने आप में अनोखी थी| क्योंकि दुश्मन की पूरी बटालियन रेलवे लाइन के साथ साथ और उसके नीचे बंकर बना कर लड़ रही थी जबकि हमारे लिए बचाव का कोई साधन नहीं था | हम खुले मैदान में लड़ रहे थे | गंगासागर की जीत भारतीय सेना के लिए बहुत आवश्यक थी| इसी रास्ते से भारतीय सेना ढाका तक कब्जा करने में सफल रहीं |

भारत की इस विजय में अल्बर्ट एक्का जैसे वीरों का बहुत बड़ा योगदान था| इस कार्रवाई में लांस नायक अल्बर्ट एक्का ने सबसे विशिष्ट वीरता और दृढ़ संकल्प का प्रदर्शन किया था। उन्होंने सेना की सर्वोत्तम परंपराओं का पालन करते हुए सर्वोच्च बलिदान दिया।

मरणोपरांत लांस नायक अल्बर्ट एक्का को सेना के सर्वोच्च सम्मान 'परमवीर चक्र' से सम्मानित किया गया था|

इस युद्ध के परिणाम स्वरूप विश्व के मानचित्र में बांग्लादेश नाम का नया देश बना| और वहीं बांग्लादेश ने अल्बर्ट एक्का को 'फ्रेंड्स ऑफ़ लिबरेशन वॉर ऑनर' से नवाज़ा| रांची में उनके नाम पर एक राजमार्ग भी बना है| त्रिपुरा सरकार ने उनके नाम पर 'अल्बर्ट एक्का पार्क' बनाया है। इस पार्क में एक्का की एक प्रतिमा भी स्थापित की गयी है।

2

मेजर जनरल इयान कारडोजो, सेना मेडल

"सफलता कभी अंतिम नहीं होती, विफलता कभी घातक नहीं होती, जो मायने रखता है वो है साहस|"

मेजर जनरल इयान कारडोज़ो की कहानी, जिन्होंने जंग के मैदान में अपना पैर खुद काट डाला और अपना पैर दफन कर आने के बाद मज़ाक में कहा था कि अब बांग्लादेश में मेरी भी ज़मीन है|

साल 1971- इंडो-पाक जंग| पूर्वी पाकिस्तान का सिलहट शहर जहां इंडियन आर्मी की 4/5 गोरखा राइफल्स के फौजी मौजूद थे| इन जवानों को ढाका की ओर बढ़ना था, लेकिन ढाका फतह होने के पहले सिलहट में बांग्लादेशी युद्ध बंदियों को छुड़ाना था| वो ये ऑपरेशन बी एस एफ़ के कुछ जवानों के साथ मिलकर कर रहे थे| कारडोज़ो आगे बढ़ रहे थे| इस बात से बेफिक्र कि माइनफील्ड से होते हुए जा रहे हैं| तभी एक भीषण धमाका हुआ और कारडोज़ो छिटक कर दूर जा गिरे| उनका पैर लैंड माइन (बारूदी सुरंग) पर पड़ गया था, जिस वजह से उसके चिथड़े उड़ गए थे| वह खून से लथपथ थे और बेहोश हो गए| उन्हे जल्दी ही होश आ गया|

उन्हें ऐसी हालत में देख साथी सैनिक दौड़े| उन्हे बटालियन हेडक्वार्टर ले जाया गया| इयान कारडोज़ो को छोड़ सब हैरान-परेशान थे| उन्होंने डॉक्टर से मॉर्फीन मांगा , ताकि दर्द कम हो सके| दुश्मन के हमलों में मॉर्फीन का सारा स्टॉक तबाह हो चुका था| ऐसा ही हाल एक और पेन किलर पेथिडीन का भी था| कारडोज़ो अपने साथी जवान की तरफ मुड़े और पूछा,

"मेरी खुखरी कहां है?"

"ये लीजिए सर|" जवान ने हाथ में खुखरी थमा दी| कारडोज़ो ने दूसरा ऑर्डर दिया,

"काटो इसे."

जवान सन्न रह गया| पैर काटने से साफ मना कर दिया| कारडोज़ो ने ज्यादा अनुरोध नहीं किया | उसी वक्त खुखरी से अपना पैर काट कर अलग कर डाला और साथी को कटा हुआ पैर थमाते हुए कहा,

"जाओ इसे कहीं दफन कर आओ."

ऊपर आपने जो पढ़ा, वो किसी फिल्म का सीन नहीं बल्कि हकीकत थी| हां, ये बात अलग है कि ये सीन जल्द आपको एक फिल्म में दिखने वाला है| उस फिल्म का नाम है –"गोरखा"

मेजर जनरल इयान कार्डोज़ो का शुरूआती जीवन: मेजर जनरल इयान कार्डोज़ो का जन्म 7 अगस्त, 1937 को बॉम्बे , बॉम्बे प्रेसीडेंसी , ब्रिटिश भारत के एक आम परिवार में पिता विन्सेंट कार्डोज़ो एवं माँ डायना कार्डोज़ो के यहां हुआ था।इयान कार्डोज़ो बचपन से ही एक आम घर के बच्चे थे और एक सामान्य जीवन व्यतीत करते थे । हां, लेकिन उनके सपने कभी आम नहीं रहे। कहा जाता है कि इयान में बचपन से ही देश के लिए कुछ करने की तमन्ना थी। वह इस मंजिल तक पहुंचने का एक ही रास्ता जानते थे और वह वह थी भारतीय सेना। इयान को बचपन से ही पता था कि सेना के जरिए ही वह अपने देश के लिए कुछ कर सकते हैं । इसलिए उन्होंने बहुत छोटी उम्र से ही इसके लिए खुद को तैयार करना शुरू कर दिया था।

इयान कार्डोज़ो ने अपनी शुरूआती पढ़ाई सेंट जेवियर्स हाई स्कूल, फोर्ट से प्राप्त की उसके बाद उन्होंने आगे की पढ़ाई पूरी करने के लिए सेंट जेवियर्स कॉलेज, मुंबई में दाखिला लिया और अपनी स्नातक की डिग्री हासिल की।

बचपन से उन्हें वर्ल्ड वॉर की कहानियां पढ़ने और सुनने का शौक था, यहीं से उनकी कंडिशनिंग शुरू हो चुकी थी| रही सही कसर सुनिथ रॉड्रिगेज़ ने पूरी कर दी| सुनिथ उनकी स्कूल में सीनियर थे| जिनका सिलेक्शन आर्मी में हो गया था| द हिंदू को दिए एक इंटरव्यू में इयान कारडोज़ो बताते हैं कि वो आर्मी का हिस्सा बनना चाहते थे, लेकिन वहां किसी डेस्क से नहीं बंधना चाहते थे| वॉर स्टोरीज़ पढ़ने के शौकीन इयान के हाथ उन दिनों एक किताब लगी, Bugles and a Tiger| जिसे लिखा था जॉन मास्टर्स ने, जिन्होंने अपने आर्मी के दिनों में फ़ोर्थ गोरखा राइफल्स में अपनी सेवाएं दी थी| किताब में जॉन के अनुभव पढ़कर इयान ने एक बात पुख़्ता कर ली, कि उन्हें एक गोरखा अफसर ही बनना है |वर्ल्ड वॉर पर लिखी किताबें पढ़कर उन्होंने फौजी बनने की ठानी|

मुंबई के सेंट ज़ेवियर्स कॉलेज से पढ़ाई पूरी करने के बाद उन्होंने नैशनल डिफेंस अकादमी जॉइन कर ली| इसके बाद की पढ़ाई और ट्रेनिंग इंडियन मिलिट्री अकादमी से हुई| ग्रैजुएशन पूरा हो जाने के बाद वो 5 गोरखा राइफल्स में कमिशन हुए और 1965 की इंडो-पाक जंग लड़ी| लेकिन उनकी लाइफ का सबसे चैलेंजिंग टर्न आया उसके छह साल बाद सन 1971 में|

इंडियन आर्मी का पहला हेलिबॉर्न ऑपरेशन : 03 दिसम्बर, 1971 को पाकिस्तान ने 11 इंडियन एयर स्टेशन्स पर हवाई हमला कर दिया| इसके बाद प्रधानमंत्री इंदिरा गांधी ने देश को संबोधित करते हुए पाकिस्तान के साथ युद्ध की आधिकारिक घोषणा कर दी| मेजर कारडोज़ो की बटालियन ऑलरेडी वॉर फ्रंट पर थी| वो उस दौरान स्टाफ कॉलेज से एक कोर्स कर रहे थे| तभी खबर पहुंची कि उनकी बटालियन के सेकंड इन कमांड वीरगति को प्राप्त हो गए हैं | उस अधिकारी की जगह किसी अधिकारी जाना होगा| आर्मी ने स्टाफ कॉलेज में उस अधिकारी की जगह मेजर कारडोज़ो को सिलेक्ट किया| उन्होंने दिल्ली

जाकर अपनी फैमिली को ड्रॉप करने की परमिशन मांगी|

फैमिली को ड्रॉप करते ही त्रिपुरा जाने वाली पहली ट्रेन में निकल पड़े| इमरजेंसी इतनी थी कि फ्लाइट से पहुंचा जाए, लेकिन फिर दुश्मन के लिए ईज़ी टारगेट बनने का रिस्क भी था| इसलिए कारडोज़ो ने अपना सफर ट्रेन से जारी रखा| एक इंटरव्यू में इयान कारडोज़ो बताते हैं कि वो अपनी डेस्टिनेशन पर सुबह करीब 3 बजे पहुंच गए| वहां चार हेलिकॉप्टर रेडी थे, चार और ज़ख्मी जवानों को लेकर लौट रहे थे| इंडियन आर्मी के इतिहास में ये पहला मौका था जब वो एक हेलिबॉर्न ऑपरेशन एग्जीक्यूट करने जा रहे थे| हेलिबॉर्न ऑपरेशन में फोर्स और उनके इक्विप्मेंट हेलिकॉप्टर की मदद से युद्धक्षेत्र में प्रवेश करते हैं, और ग्राउंड फोर्स कमांडर से ऑर्डर लेते हैं| पाकिस्तान ने वर्तमान में बांग्लादेश में नदी के एक पुल को बर्बाद कर दिया था ताकि भारतीय सेना वहाँ प्रवेश न कर सके| ऐसी हालत में जनरल सगत सिंह के आदेश पर हेली कॉप्टर से सैनिकों को उनके साजो सामान के साथ बांग्लादेश में उतार दिया गया| यही हेलीबॉर्न ऑपरेशन था | इससे दुश्मन भौचक्का रह गया|

सुबह 09 बजे बटालियन को ऑर्डर दिया गया कि अपने प्लान बना लीजिए, दोपहर 2:30 बजे आप लोगों को निकलना है| कारडोज़ो बताते हैं कि स्टाफ कॉलेज में ऐसा प्लान बनाने के लिए दो से तीन दिन की ज़रूरत पड़ती थी, ताकि आर्मी और एयर फोर्स ऑफिसर्स एक साथ बैठकर प्लान बना सकें| इंडियन आर्मी चाहती थी कि ढाका फतेह कर लिया जाए| जिसके लिए लेफ्टिनेंट जनरल सगत सिंह ने ऑर्डर दिया कि 5 गोरखा को गाजीपुर भेजा जाए| क्योंकि इससे पहले दो बटालियन गाजीपुर भेजी गईं, और दोनों फेल हो गई थी| लेकिन 4/5 गोरखा इसके लिए पूरी तरह तैयार नहीं थी|

इसकी वजह थी 21 नवंबर, 1971 को लड़ी बैटल ऑफ एटग्राम जहां 4/5 गोरखा के पास बस अपनी खुखरी और ग्रिनेड थे| जिनकी मदद से उन्होंने 32 पाकिस्तानी फौजियों के सिर काट डाले, पाकिस्तानी आर्मी

के बंकर्स को ध्वस्त कर डाला और अपने मिशन में कामयाब रहे| लेकिन इस दौरान सेकंड इन कमांड और कई जवान वीरगति को प्राप्त हो गए थे| इसलिए कमांडिंग ऑफिसर का मानना था कि 4/5 गोरखा को ब्रेक दिया जाना चाहिए लेकिन जनरल सगत सिंह राठौर इसके लिए राज़ी नहीं हुए|

4/5 गोरखा को सिलहट जिले के गाजीपुर से होते हुए सिलहट शहर तक पहुंचना था| जहां उनकी बटालियन को सामने वाली आर्मी की बटालियन को कैप्चर करना था, वो भी बिना किसी आर्टिलरी फायर की मदद के| आमतौर पर, आर्टिलरी फायर से दुश्मन पर दबाव बनाया जाता है ताकि अपनी आर्मी को अटैक करने का मौका मिल जाए| दूसरी बात, एक बटालियन में करीब 900 जवान होते हैं उन्हे कैप्चर करने के लिए कम से कम एक ब्रिगेड को भेजा जाता है जिसमें करीब 3,000 जवान होते हैं| लेकिन यहां एक बटालियन के सामने दुश्मन की एक बटालियन थी| संख्या तो बराबर थी| अब चुनौती थी कि दुश्मन की बटालियन के पूरे जवानों को कैसे कैद किया जाए?

बीबीसी की एक चूक और पाकिस्तान आर्मी ने सरेंडर कर दिया : 4/5 गोरखा को बताया गया था कि पाकिस्तान आर्मी की 202 ब्रिगेड सिलहट छोड़ कर ढाका के लिए निकल चुकी है, और वहां सिर्फ 200-300 रज़ाकार थे| रजाकार एक निजी सेना होती है | पाकिस्तान ने रजाकार सैनिकों को किराये पर लिया था | उधर, 4/5 गोरखा के पास उस वक्त 480 जवान थे| इसका मतलब था कि अब बटालियन को सिर्फ 300 रजाकार से मुकाबला करना होगा|

तभी एक हेलिकॉप्टर लैंड हुआ, और जवान इयान कारडोज़ो को ढूंढते हुए उनके पास पहुंच गए, कंधे पर उठा लिया और कहने लगे, **"कारतूस साहब आ गए, अब हम तैयार हैं."** कारडोज़ो की बटालियन के जवानों की ज़ुबान पर उनका नाम मुश्किल से बैठता था, इसलिए उन्हें सभी कारतूस साहब बुलाते थे| 4/5 गोरखा बटालियन के जवानों ने रजाकारों पर हमला कर दिया| दोनों तरफ से फायरिंग शुरू हो गई| गोरखा समझकर आए थे कि 202 ब्रिगेड जा चुकी है और वहाँ सिर्फ 200-300 रजाकार हैं जिन्हे आसानी से काबू पाया जा सकता है लेकिन ऐसा नहीं था| वहाँ

ब्रिगेड की पूरी फौज मौजूद थी और उन पर ताबड़तोड़ फायरिंग कर रही थी | ऐसे हालात में भी गोरखा लड़ते रहे, और 1000 मीटर बाय 1500 मीटर का एरिया अपने अंडर ले लिया| ब्रिगेड से तो वो किसी तरह लड़ रहे थे, लेकिन जवानों के पास खाने के लिए भोजन नहीं था| उनके पास सिर्फ गोलियां, ग्रेनेड, मुट्ठीभर शक्करपारे, एक पानी की बोतल और ज़मीन पर बिछाकर सोने के लिए एक रैन कोट ही था|

कारडोज़ो बताते हैं कि बीबीसी, पाकिस्तान रेडियो और आकाशवाणी उस जंग को कवर कर रहे थे| पाकिस्तान रेडियो पर किसी को भरोसा नहीं था| भारत का आकाशवाणी दो दिन की देरी से न्यूज पहुंचाता था| अब बचा बीबीसी, जो ऑन द स्पॉट न्यूज डिलीवर करता था| इंडियन आर्मी भी बीबीसी को सुनती थी| उस दिन के ब्रॉडकास्ट में उन्होंने सुना,

"एक गोरखा ब्रिगेड सिलहट पहुंच चुकी है|" ये सुनकर कारडोज़ो ने अपने कमांडिंग ऑफिसर से कहा कि हम भी बीबीसी को सुन रहे हैं, उधर पाकिस्तानी भी बीबीसी को सुन रहे हैं| उन्हें नहीं पता कि हमारे पास कोई ब्रिगेड नहीं, सिर्फ एक बटालियन है | इसलिए ब्रिगेड की तरह ही पेश आते हैं| यहां बड़ा रिस्क था| अगर पाकिस्तानी आर्मी को भनक लग गई तो मुश्किल हो सकती थी| दिन के वक्त गोरखा जवानों को एयर फोर्स की मदद मिल जाती थी, लेकिन रात को वो पूरी तरह खुद पर निर्भर थे| गोलियां भी कम होती जा रही थीं| ऐसे में फिर से बटालियन की तरह लड़ने का फैसला लिया| एक रात दोनों सेनाओं के जवान भिड़ पड़े| गोरखा 'आयो गुरखाली' बोलकर हाथ में खुखरी लिए टूट पड़े| मारकाट मची, दर्द भरी चीखें हवा में गूंजी, जिसके बाद लंबा सन्नाटा पसर गया| पाकिस्तानी जवान अपने ज़ख्मी साथियों को उठाकर ले गए और भारतीय सैनिक अपने ज़ख्मी साथियों को| अगली सुबह फिर लड़ाई छिड़ी, लेकिन ज्यादा देर के लिए नहीं, क्योंकि तब सेनाध्यक्ष जनरल सैम मानेकशॉ ने पाकिस्तान को अल्टिमेटम दे दिया, "सरेंडर कर दो वरना तुम्हें साफ कर देंगे|"

15 दिसम्बर की सुबह 3 बजे सफेद झंडे भारतीय सेना की ओर चले आ रहे थे| आत्मसमर्पण के लिए सफेद झंडे दिखाए जा रहे थे|

पाकिस्तानी ब्रिगेड ने सरेंडर कर दिया था| ब्रिगेड ने एक बटालियन के सामने सरेंडर किया था, वो भी एक नहीं बल्कि दो ब्रिगेडों ने| भारतीय सेना को सरेंडर के वक्त पता चला कि वो अब तक एक नहीं, बल्कि दो पाकिस्तानी ब्रिगेडों से लड़ रहे थे, 202 और 313 इंफैंट्री ब्रिगेड|

"बेवकूफ की मौत मर जाऊंगा, लेकिन पाकिस्तानी खून नहीं लूंगा"जब इयान कारडोज़ो ने अपनी खुखरी से पैर अलग कर दिया, उसके बाद उनके कमांडिंग ऑफिसर उनके पास आए और कहा कि तुम खुशकिस्मत हो, क्योंकि हमने एक पाकिस्तानी सर्जन को पकड़ा है| वो तुम्हारा ऑपरेशन कर देगा| कारडोज़ो ने साफ मना कर दिया, कहा कि मुझे इंडिया ले चलो, पाकिस्तानी सर्जन से ऑपरेशन नहीं करवाऊंगा| CO बिगड़े, कहा बेवकूफी मत करो| जिस पर इयान का जवाब था कि एक बेवकूफ की मौत मर जाऊंगा, लेकिन पाकिस्तानी खून नहीं लूंगा| किसी तरह बड़ी मुश्किल से उन्हें मनाया गया, और पाकिस्तानी सर्जन मेजर मोहम्मद बशीर को ऑपरेट करने दिया| कारडोज़ो बताते हैं कि मेजर बशीर ने अच्छा काम किया और वो हमेशा के लिए उनके शुक्रगुज़ार रहेंगे|

कारडोज़ो जानते थे कि इंडियन आर्मी फिज़िकल फिटनेस को कितना महत्व देती है| इसलिए वो अपने आर्टीफिशियल लकड़ी के पैर को अपनी कमजोरी नहीं बनने दे सकते थे| लगातार रनिंग और एक्सरसाइज़ करते रहे| फिर भी उनके एक ऑफिसर ने उन्हें फिज़िकल टेस्ट में पास नहीं किया| कहा कि पिछले साल भी एक फिज़िकली अनफिट ऑफिसर ने टेस्ट देने की कोशिश की और बीच में ही अपनी जान गंवा बैठा| कारडोज़ो ज़िद पर अड़े रहे| कहा कि गलती करूं तो बाहर कर देना , लेकिन टेस्ट देने से मत रोको| टेस्ट हुआ और कारडोज़ो ने सात फिट जवानों को खुद से पीछे छोड़ दिया|

उन्हें आगे चलकर बटालियन और फिर ब्रिगेड की ज़िम्मेदारी सौंपी गई| ऐसा अचीव करने वाले कारडोज़ो पहले वॉर डिसेबल्ड ऑफिसर थे| उनके बाद तीन और वॉर डिसेबल्ड ऑफिसर आर्मी कमांडर बने| मेजर जनरल कारडोज़ो इंडियन आर्मी के पहले वॉर डिसेबल्ड ऑफिसर बने|

भारत सरकार ने उन्हें भारत-पाक युद्ध में उनकी बहादुरी के लिए सेना पदक से सम्मानित किया। जनरल इयान कार्डोज़ो 85 वर्ष के हो चुके हैं और दिल्ली में रहते हैं|

इयान कार्डोज़ो एक लेखक भी हैं, उन्होंने युद्ध से प्रभावित होकर कई किताबें भी लिखी है। जैसे – 1971: स्टोरी ऑफ ग्लोरी फ्रॉम इंडो-पाक वॉर, परम वीर : अवर हीरोज इन वैटल, शैतान सिंह : इंक्रेडिबल हिरोइज़्म डिस्पलेड बाई अ स्माल ग्रुप अगैन्स्ट होरडस ऑफ चाइनीस इन द बैटल ऑफ रेजांग ला इन 1962 , द सिंकिंग ऑफ आई एन एस, खुकरी : सर्वाइवर स्टोरीज इत्यादि।

3

सिपाही जसवंत सिंह, महावीर चक्र

"असंभव को करने में थोड़ा समय लगेगा, मुश्किल को पलक झपकते ही कर दिया जायेगा।"

– भारतीय सेना

महावीरचक्र विजेता जसवंत सिंह जिन्होंने 1962 के भारत चीन युद्ध में अकेले चीनी सेना के छक्के छुड़ा दिए और भारतीयों का सीना गर्व से चौड़ा कर दिया। 14000 हज़ार फ़ीट की ऊंचाई, खून जमा देने वाली ठण्ड, सीमित संसाधन, विपरीत भौगोलिक परिस्थितियां, हज़ारों की चीनी फौज के सामने 21 वर्षीय निर्भीक जसवंत सिंह रावत कि बहादुरी का किस्सा सेना के इतिहास में दर्ज है।

उत्तराखंड के पौड़ी गढ़वाल में जन्मे जसवंत सिंह रावत 17 वर्ष की आयु में ही फौज में भर्ती होने पहुँच गए थे, लेकिन आयु कम होने के कारण उन्हें भर्ती नहीं किया गया , लेकिन 2 साल बाद वे सेना में बतौर राइफल मैन भर्ती कर लिए गए। ट्रेनिंग पूरी होने के एक वर्ष बाद ही जसवंत सिंह रावत को पराक्रम दिखाने का मौका मिल गया जब चीन ने अरुणाचल प्रदेश कब्ज़ाने के उद्देश्य से हमला कर दिया।

17 नवंबर 1962 -चीनी सेना हिमालय को पार करते हुए भारत के अरुणाचल के नूरनांग तक आ पहुंची थी, जहाँ 4 गढ़वाल राइफल्स की

एक कम्पनी जिसमे जसवंत सिंह थे चीनी सेना का सामना कर रही थी। भरपूर संसाधनों से लैस चीनी सेना संख्या में बहुत ज़्यादा थी, इस लिए गढ़वाल राइफल्स की इस बटालियन को वापिस बुला लिया गया।

लेकिन इस बटालियन के तीन भारतीय जवानो जसवंत सिंह, लांस नायक त्रिलोकी सिंह नेगी और गोपाल गुसाई को अपनी मातृभूमि का एक इंच भी छोड़ना गवारा न था, हार निश्चित होने पर भी इन्होने लड़ने का फैसला लिया। तीनो ने मिलकर चीनी बंकर से गोलीबारी कर रही एक मशीनगन को छुड़ाने की योजना बनाई, वे झाड़ियों से छुपते हुए बंकर तक पहुँच गए, उन्होंने हैंडग्रेनेड फेंक कर मशीनगन तो कब्ज़ा ली लेकिन इसमें लांस नायक त्रिलोकी सिंह नेगी और गोपाल गुसाई शहीद हो गए।

इसके बाद भी जसवंत सिंह ने हार नहीं मानी, दो स्थानीय लड़कियां शैला और नूरा की मदद से फायरिंग की रणनीति बनाई और तीन स्थानों पर हथियार रखे, वे चीनी सेना को इस भ्रम में रखने में कामयाब हुए की भारतीय सेना वहां बड़ी मात्रा में मौजूद है, वे शैला और नूरा की मदद से तीनो जगह से बारी बारे से जा कर हमला करते रहे ।

वे 72 घंटे यानि तीन दिन तक चीनी सेना को अपने पराक्रम का जलवा दिखाते रहे, इस दौरान उन्होंने 300 चीनी सैनिको को मौत के घाट उतार दिया। एक स्थानीय जो जसवंत सिंह को राशन पहुंचाता था उसे चीनी सेना ने पकड़ लिया| उसने जब चीनी सैनिकों को हकीकत बताई की वहां सिर्फ एक जवान है और वह अलग अलग बंकरों से जाकर गोलीबारी कर रहा है तो उनके होश उड़ गए| चीनी सैनिकों को लगता था कि वहाँ भारी संख्या में भारतीय सैनिक मौजूद हैं | इसके बाद चीनी सैनिकों ने अपनी रणनीति बदलते हुए उस सेक्टर को चारों ओर से घेर लिया| तीन दिन बाद जसवंत सिंह चीनी सैनिकों से घिर गए

जब चीनी सैनिकों ने देखा कि एक अकेले सैनिक ने तीन दिनों तक उनकी नाक में दम कर रखा था तो इस खीझ में चीनियों ने जसवंत सिंह को बंधक बना लिया और जब कुछ न मिला तो टेलीफोर तार के सहारे उन्हे फांसी पर लटका दिया| फिर उनका सिर काटकर अपने साथ ले गए| जसवंत सिंह ने इस लड़ाई के दौरान कम से कम 300 चीनी सैनिकों को मौत के घाट उतार दिया था |

जसवंत सिंह की इस शहादत को सँजोये रखने के लिए 17 गढ़वाल राइफल ने यहाँ एक युद्ध समारक बनवाया| स्मारक के एक छोर पर एक जसवंत सिंह का मंदिर भी बनाया गया है | जसवंत की शहादत के गवाह बने टेलीफोन के तार और वह पेड़ जिस पर उन्हे फांसी से लटकाया गया था, आज भी मौजूद है |

उन्हें मरणोपरांत महावीरचक्र दिया गया| जहाँ उन्होंने लड़ाई लड़ी उस चौकी का नाम जसवंतगढ़ रख दिया गया है| जसवंत सिंह लोहे की चादरों से बने जिन कमरों में रहा करते थे, उसे समारक का मुख्य केंद्र बनाया गया है | जिस जगह वे शहीद हुए सेना और स्थानीय लोगों ने वहां उनका मंदिर बनाया है| वहाँ उनकी फोटो, वर्दी, और उनके द्वारा इस्तेमाल किये गए टेलीफोन को रखा गया है।

सेना के सिपाही मंदिर की देख रेख करते हैं, आज भी उनका बिस्तर लगाया जाता है,बूट पॉलिश की जाती है| सुबह 4:30 बजे उनके कमरे में चाय, 9 बजे नाश्ता व शाम को 7 बजे रात का खाना रखा जाता है।

वे भारतीय सेना के इकलौते सैनिक हैं जिनके नाम के आगे शहीद नहीं लगाया जाता, ऐसा माना जाता है वह आज भी ड्यूटी पर हैं| भारतीय सेना के सैनिक सम्मान के साथ उन्हे (उनकी फोटो को) उनके पुश्तैनी गांव हर वर्ष ले जाते हैं और छुटी खत्म होने पर उन्हे वापस उनकी पोस्ट पर ले आते है।

इस पोस्ट पर तैनात किसी सैनिक को जब झपकी आती है तो कोई उन्हे यह कहकर थप्पड़ मारता है कि "जागते रहो सीमाओं की सुरक्षा तुम्हारे हाथ में है|" इतना ही नही एक किंवदंती यह भी है कि उस राह से गुजरने वाला कोई राहगीर उनकी शहादत स्थली पर बगैर नमन किये आगे बढ़ता है तो उसे कोई न कोई नुकसान जरूर होता है |हर ड्राइवर अपनी यात्रा को सुरक्षित बनाने के लिए जसवंतगढ़ में जरूर रुकता है |

यह जसवंत सिंह की वीरता ही थी कि भारत सरकार ने उनकी शहादत के बाद भी सेवानिवृति की उम्र तक उन्हे उसी प्रकार से पदोन्नति देती रही ,जैसा उन्हे जीवित होने पर दी जाती | शैला और नूरा की शहादत भी कम नहीं है | नूरनांग के इस युद्ध के दौरान शैला और नूरा नाम की दो लड़कियों की शहादत को भी नजरअंदाज नहीं किया

जा सकता| जसवंत सिंह जब युद्ध में अकेले डटे थे तो इन्ही दोनो ने शस्त्र और असलहे उन्हे उपलब्ध कराए| जो भारतीय सैनिक शहीद हुए थे उनके हथियारों को वह लाती और जसवंत सिंह को देती थी और उन्ही हथियारों से जसवंत सिंह ने लगातार 72 घंटे चीनी सैनिकों को अपने पास फटकने नही दिया और अंततः वह भारत माता की गोद में समा गए| युद्ध में नूरा मारी गई और शैला ने चीनियों के हाथ लगने से पहले आत्म हत्या कर ली| नूरा के नाम से यहाँ पर हाईवे है और जिस स्थान पर शैला ने आत्म हत्या की थी उसे शैला पीक कहते हैं|

जब सिपाही जसवंत सिंह के अदम्य साहस और वीरता की कहानी चीनी सेना के कमांडर को चीनी सैनिकों और स्थानीय लोगों द्वारा पता चली तो उसने उनकी वीरता से प्रभावित होकर तांबे के तमगे के साथ उनके कटे सर की पीतल की मूर्ति भारतीय सेना को भेंट की|

4

हवलदार अब्दुल हमीद, परमवीर चक्र

"इसका हमें अफसोस है कि अपने देश को देने के लिए हमारे पास केवल एक ही जीवन है।" -भारतीय सेना

शहीदों की चिताओं पर लगेंगे हर बरस मेले, वतन पर मरने वालों का यही बाकी निशां होगा।" एक साधारण परिवार में जन्म लेने वाले परमवीर चक्र विजेता वीर अब्दुल हमीद ने भी अपने शौर्य और पराक्रम के दम पर ऐसा मुकाम हासिल किया जिसे याद कर देश के तमाम लोग गर्व का अनुभव करते हैं। देश की सरहद की सुरक्षा में तैनात गाजीपुर के इस लाल ने सन 1965 के भारत-पाक युद्ध के दौरान न सिर्फ दुश्मन देश के 8 पैटर्न टैंकों के परखच्चे उड़ा कर पाक सेना के दांत खट्टे कर दिये, बल्कि वतन की रक्षा करते हुये अपनी जान की कुर्बानी देकर देश के वीर सैनिकों में अपना नाम स्वर्णाक्षरों मे अंकित करा दिया।

प्रारम्भिक जीवन : देश के सर्वोच्च सैनिक सम्मान परमवीर चक्र से नवाजे गये हवलदार अब्दुल हमीद की शहादत देशवासियों के लिए लगातार प्रेरणा स्त्रोत बनी रहेगी। 01 जुलाई 1933 को गाजीपुर के जखनियां तहसील के धामुपुर गांव में मो. उस्मान और सकीना बेगम के बेटे के रूप में जन्म लेने वाले वीर अब्दुल हमीद के अंदर देशभक्ति का जज्बा भरा हुआ था। उनके पिता मोहम्मद उस्मान सिलाई का काम

करते थे, लेकिन अब्दुल हमीद का मन इस काम में नहीं लगता था। उनकी रुचि लाठी चलाना, कुश्ती का अभ्यास करना, नदी पार करना, गुलेल से निशाना लगाना जैसे कामों में थी। वह लोगों की मदद के लिए भी हमेशा आगे रहते थे।वो सेना में भर्ती हो गए और भारतीय सेना में सैनिक के रूप में देश सेवा शुरू की। भारतीय थल सेना में तैनात अब्दुल हमीद जब 33 वर्ष के थे, तो नियति ने उनके जीवन में देश भक्ति के असली इम्तहान का वक्त मुकर्रर किया।

फर्ज सबसे ऊपर है :परिवार के सदस्यों का कहना था की एक बार उन्होंने बाढ़ के पानी में डूबती दो लड़कियों की जान बचाई थी। 20 साल की उम्र में अब्दुल हमीद ने वाराणसी में आर्मी जॉइन की। उन्हें ट्रेनिंग के बाद 1955 में 4 ग्रेनेडियर्स में पोस्टिंग मिली। 1965 में जब युद्ध के आसार बन रहे थे तब वह छुट्टी पर अपने घर गए थे, लेकिन हालत गंभीर होने पर उन्हें वापस आने का आदेश मिला। बताते हैं कि बिस्तरबंद बांधते वक्त इसकी रस्सी टूट गई तो उनकी पत्नी रसूलन बीबी इसे अपशकुन मानकर उन्हें उस दिन जाने से मना कर रही थीं, लेकिन हमीद तो फर्ज से बंधे थे और वो अपनी बटालियन के लिए प्रस्थान कर गए|

आर सी एल गन से ध्वस्त कर दिए थे पाकिस्तानी टैंक : 1965 युद्ध के शुरुआती दिन थे। पाकिस्तानी सेना की 1 आर्मर्ड डिविजन ने जीटी रोड पर राया और ब्यास कस्बे पर कब्जा करने की नीयत से हमला बोल दिया। मकसद था व्यास नदी पर बने पुल पर कब्जा करना ताकि पंजाब का बड़ा हिस्सा बाकी भारत से अलग हो जाए। शुरुआत में पाकिस्तानी फौज को कामयाबी भी मिली, मगर फिर भारतीय सेना ने ऐसा जवाब दिया कि दुश्मन के पैटन टैंकों को छिपने की जगह नहीं मिली।

6-7 सितंबर 1965 के बीच, पाकिस्तानी सेना के तेज ऐक्शन ने भारत की चौथी माउंटेन डिविजन को संभलने का मौका नहीं दिया। बॉर्डर से 5 किलोमीटर भीतर, खेमकरन पर पाकिस्तान का कब्जा हो चुका था। यह जगह असल उत्तर से 7 किलोमीटर दूर थी। भारत को नए डिफेंस प्लान की जरूरत थी। 4 ग्रेनेडियर्स के अलावा डिविजन की तीन और बटालियन एक साथ आईं और असल उत्तर और चीमा गांव के बीच

डिफेंस लाइन तैयार कर ली। असल उत्तर की लड़ाई 8 से 10 सितंबर 1965 के बीच लड़ी गई ।

हवलदार अब्दुल हमीद पंजाब के तरनतारण जिले के खेमकरण सेक्टर में पोस्टेड थे और 4 ग्रेनेडियर बटालियन का हिस्सा थे। पाकिस्तान के तरण तारण जिले में एक गांव हैं, आसल उत्ताड़ जिसे हिंदी में 'असल उत्तर' के नाम से जानते हैं। उसकी वजह है 1965 के भारत-पाकिस्तान युद्ध में हवलदार अब्दुल हमीद और उनके साथियों की वीरता। यही वो गांव है जहां 4 ग्रेनेडियर्स रेजिमेंट ने पाकिस्तान के पैटन टैंकों की कब्रगाह बना दी थी।

उस वक्त ये टैंक अपराजेय माने जाते थे। रिपोर्ट्स के मुताबिक, अब्दुल हमीद की जीप 8 सितंबर 1965 को सुबह 9 बजे चीमा गांव के बाहरी इलाके में गन्ने के खेतों से गुजर रही थी। वह खुली जीप में अपनी रिकॉयलेस गन के साथ बैठे थे। उन्हें दूर से टैंक आने की आवाज सुनाई दी। कुछ देर बाद उन्हें टैंक दिखाई दिए । वह टैंकों को अपनी रिकॉयलेस गन की रेंज में आने का इंतजार करने लगे और गन्नों की आड़ का फायदा उठाते हुए दनादन फायर कर दिया। फायर करते समय उनकी जीप पोजीसन बदलती रही ।

दुश्मन की ओर से काफी ज्यादा शेलिंग और टैंक से फायर हो रहा था। ऐसे में अब्दुल हमीद रिकॉइललेस गन (RCL) लगी जीप लेकर पीछे चले गए। इसके बाद आर्टिलरी से भयंकर बमबारी शुरू हुई। पाकिस्तानी सेना भारत की फारवर्ड कंपनी पोजिशंस भेदने में कामयाब हो गई।

शेलिंग और टैंकों के हमले जारी थे, मगर हमीद का हौसला भी कम नहीं था। मौका पाकर अब्दुल हमीद ने कतार में आगे चल रहे दुश्मन का एक टैंक उड़ा दिया। पलभर में वह दूसरे टैंक के पास थे और उसे भी तबाह कर दिया। अपनी रिकॉइललेस गन से दुश्मन के टैंकों पर दनादन फायर झोंक रहे हमीद को उधर से आ रही गोलियों से जैसे कोई फर्क ही नहीं पड़ रहा था। दुश्मन के टैंक ऑपरेटर्स को अबतक समझ आ गया था कि उनपर हमला कहां से हो रहा है। उन्होंने हमीद की जीप पर मशीन गन और भारी विस्फोटक दागने शुरू कर दिए। हमीद तो अलग ही धुन में थे। वह लगातार फायरिंग करते रहे। पॉइंट-ब्लैंक रेंज

से हमीद ने पाकिस्तान के चार पैटन टैंकों को तबाह कर दिया| अब्दुल हमीद के साथी बताते हैं कि उन्होंने एक बार में 4 टैंक उड़ा दिए थे।उनके 4 टैंक उड़ाने की खबर 9 सितंबर को आर्मी हेडक्वार्टर्स में पहुंच गई थी। उनको परमवीर चक्र देने की सिफारिश भेज दी गई। इसके बाद सूचना मिली कि 10 सितंबर को उन्होंने 3 और टैंक नष्ट कर दिए। अंततः जब उन्होंने एक और टैंक को निशाना बनाया तो एक पाकिस्तानी सैनिक की नजर उन पर पड़ गई। इस बार उनकी जीप को निशाना बनाया गया |पाकिस्तानी टैंक तो नष्ट हो गया, लेकिन अब्दुल हमीद की जीप के भी परखच्चे उड़ गए। इस तरह यह वीर सैनिक देश की रक्षा में शहीद हो गया| अब्दुल हमीद की वीरता देखकर साथी दोगुने जोश से दुश्मन पर टूट पड़े।

इतिहास के सबसे बड़े टैंक युद्धों में से एक में पाकिस्तानी सेना ने मुंह की खाई।1965 की इस पूरी लड़ाई में भारतीय सेना ने पाकिस्तान के 97 टैंक तबाह कर दिए। एक पूरी की पूरी कैवलरी रेजिमेंट को बंदी बना लिया गया। कई टैंक भारत के कब्जे में आ गए।

परमवीर चक्र:देश की सरहद की रक्षा करते हुये गाजीपुर का लाल शहीद हो गया और आने वाली पीढ़ियों के लिए देशभक्ति, साहस और वीरता की नई परिभाषा लिख गया। शौर्य और साहस के दम पर अमर हो चुके इस लाल की शहादत के एक हफ्ते बाद 16 सितम्बर 1965 को भारत सरकार ने मृत्योपरांत देश का सर्वोच्च सैनिक सम्मान परमवीर चक्र देने की घोषणा की। इस जंग में पाक बुरी तरह पराजित हो चुका था। दुश्मनों को वीर भारतीय सैनिकों के आगे मुंह की खानी पड़ी थी। 26 जनवरी 1966 गणतंत्र दिवस पर तत्कालीन राष्ट्रपति सर्वपल्ली राधाकृष्णन ने वीर अब्दुल हमीद की बेवा पत्नी रसूलन बीबी को परमवीर चक्र प्रदान किया।

अब्दुल हमीद के नाम डाक टिकट भी जारी :पूरे देश की ओर से वीर अब्दुल हमीद को सलाम किया गया। शहादत को वर्षों गुजर जाने पर भी वीर अब्दुल हमीद की वीरता के चर्चे भारतीय सेना में ही नहीं देश के तमाम लोगों की जुबान पर आज भी आम हैं। गाजीपुर के लोगों को अपने इस बेटे पर हमेशा नाज रहेगा। देश भी अपने इस लाल को याद कर गर्व

महसूस करता है। विख्यात फिल्मकार चेतन आनंद द्वारा बनाये गये टीवी सीरियल परमवीर चक्र विजेता मे मशहूर कलाकार नसीरुद्दीन शाह ने अब्दुल हमीद की भूमिका निभाई। जबकि आर्मी पोस्टल सर्विस की ओर से वीर अब्दुल हमीद की स्मृति मे 10 सितम्बर 1979 और 28 जनवरी 2000 को डाक टिकट जारी किये गये।

गंगा नदी पर हमीद सेतु :गाजीपुर के इस वीर सपूत को भारतीय सेना ने खेमकरन सेक्टर के तरन तारन साहिब के पास दफना कर स्मारक बनाया गया , जो आज भी भारतीय सैनिकों के लिए प्रेरणा स्रोत बना हुआ है। उनकी याद में गाजीपुर मे गंगा नदी पर हमीद सेतु बनाया गया और उनके पैतृक गांव मे भी स्मारक का निर्माण किया गया है। जहां हर साल 10 सितम्बर को पहुंच कर लोग नम आंखों के साथ गाजीपुर के इस लाल को याद करते हैं और गर्व महसूस करते हैं।

युद्ध स्मारक :युद्ध खत्म होने के बाद असल उत्तर से करीब 10 किलोमीटर दूर पैटन टैंकों को प्रदर्शन के लिए रखा गया। अब्दुल हमीद को मरणोपरांत परमवीर चक्र से सम्मानित किया गया। उनकी कब्र उस जगह से 100 मीटर दूर भी नहीं है जहां से उन्होंने पाकिस्तानी टैंकों को निशाना बनाया था। अब्दुल हमीद ने 1962 में चीन के खिलाफ भी युद्ध लड़ा था। उनकी याद में 4 ग्रेनेडियर्स ने असल उत्तर में एक मेमोरियल बनवाया। मेमोरियल के गेट पर एक पाकिस्तानी पैटन टैंक खड़ा है, उन वीरों के सम्मान में जिन्होंने असल उत्तर की लड़ाई में हिस्सा लिया और सर्वस्व बलिदान किया। लेखक को इस मेमोरियल को देखने का अवसर मिला जब वो सीमा सुरक्षा बल में खेमकरण में तैनात थे|

5
लेफ्टिनेंट जनरल सगत सिंह राठौर, पदमभूषण

अद्भुत, अविश्वसनीय, अकल्पनीय, अतुलनीय!!! जनरल सगत सिंह के साहस का स्वरूप इतना वृहद् और विशाल था कि उनकी प्रशंसा में कहे गए शब्द सूरज को दीपक दिखाने के समान है।

<u>सैनिक पराक्रम</u> राष्ट्रप्रेम का प्रतिबिंब होता है और सेना राष्ट्र शक्ति का एकमात्र स्रोत। जहां कोई भी जीव जन्तु या सूरज की किरणे भी नहीं पहुँच पाती वहाँ राष्ट्र रक्षा हेतु वीर सैनिक देवदूत की तरह खड़े होते हैं। यह एक ऐसे ही राष्ट्र वीर की वास्तविक कहानी हैं।

नाथू ला जैसा दुर्गम क्षेत्र, चीन जैसी महाशक्ति, 1962 की हार से टूटा हुआ भारत का मनोबल जहां सैन्य संसाधन की कमी और चीन के मुकाबले सैन्य संख्या बल में घोर असमानता। इन कठिन परिस्थितियों के चक्रव्यूह से घिरे होने के बावजूद भी, मजाल है कि भारत का एक

जवान भी पीछे हटा हो।

लेफ्टिनेंट जनरल सगत सिंह को भारत का सबसे निर्भिक जनरल माना जाता है। जनरल सगत एकमात्र सैन्य अधिकारी हैं जिन्होंने तीन युद्ध में जीत हासिल की। उनके नेतृत्व में गोवा को पुतर्गाल से मुक्त कराया गया। वहीं वर्ष 1967 में उनके ही नेतृत्व में चीनी सेना पर जबरदस्त हमला किया गया। इसके बाद वर्ष 1971 के भारत-पाक युद्ध में अपने वरिष्ठ अधिकारियों के आदेशों को दरकिनार कर जनरल सगत ढाका पर विजय प्राप्त की । इनकी बदौलत पाकिस्तानी सेना को हथियार डालने पर मजबूर होना पड़ा। हालांकि, इन्हें हमेशा ही उपेक्षा का शिकार होना पड़ा। यही कारण है कि उन्हें कभी किसी तरह का वीरता सम्मान नहीं मिला।

<u>मिटा दिया चीनी सेना का भय</u>:जनरल सगत चीन सीमा पर नाथु ला में तैनात थे। नाथुला में भारत व चीन के सैनिकों के बीच हमेशा टकराव होता रहता था । रोजाना की झड़प बंद करने के लिए जनरल सगत के आदेश पर नाथु ला सेक्टर में 11 सितम्बर 1967 को तारबंदी शुरू की गई । चीनी सेना बगैर किसी चेतावनी के जोरदार फायरिंग करने लगी। तब भारतीय सैनिक खुले में खड़े थे, ऐसे में बड़ी संख्या में सैनिक हताहत हो गए। इसके बाद जनरल सगत ने नीचे से तोपों को ऊपर मंगाया। उस समय तोप से गोलाबारी करने का आदेश सिर्फ प्रधानमंत्री ही दे सकता था। दिल्ली से कोई आदेश नहीं मिलता देख जनरल सगत ने तोपों के मुंह खोलने का आदेश दे दिया। देखते ही देखते भारतीय जवानों ने चीन के तीन सौ सैनिक मार गिराए। इसके बाद चीनी सेना पीछे हट गई। इसे लेकर काफी हंगामा मचा, लेकिन चीनी सेना पर इस जीत ने भारतीय सैनिकों के मन में वर्ष 1962 से समाए भय को बाहर निकाल दिया। अब भारतीय सेना यह जान चुकी थी कि चीनी सेना को पराजित किया जा सकता है। इसके बाद जनरल सगत का वहां से तबादला कर दिया गया क्योंकि उन्होंने बिना प्रधानमंत्री के आदेश के तोपों का मुंह खोलने का आदेश दिया था| इसके अलावा और क्या वजह हो सकती है की ऐसे काबिल जनरल को उस घटना के तुरंत बाद उस कमान को छोड़ना पड़ा|

गोवा की मुक्ति : गोवा मुक्ति अभियान में सगत सिंह राठौर की भूमिका बहुत महत्वपूर्ण थी |उपनिवेशिक काल से गोवा पर पुर्तगालियों का शासन रहा था, आजादी के बाद भारतीय सरकार ने पुर्तगाल से गोवा मुक्त करने को कहा पर पुर्तगाल सरकार ने साफ़ मना कर दिया, और वहां आन्दोलन कर रहे भारतीय गोवा मुक्ति क्रांतिकारियों का उत्पीड़न शुरू कर दिया, तंग आकर भारत सरकार ने गोवा में पुर्तगालियों के विरुद्ध सैन्य कार्यवाही का निर्णय लिया,50 पैराशूट ब्रिगेड ने सगत सिंह के नेत्रत्व में इसमें बड़ी भूमिका निभाई, सगत सिंह ने इस अभियान का की रणनीति बनाकर इस पर अमल करने के लिए वरिष्ठ सैन्य अधिकारीयों को तैयार कर लिया| भारतीय सेना ने चारो ओर से,जल थल एवं वायु सेना की उस समय की आधुनिकतम तैयारियों के दिसम्बर 17-18 की रात में ऑपरेशन विजय के अंतर्गत सैनिक कार्यवाही शुरू कर दी| ऑपरेशन विजय 40 घंटे का था| भारतीय सेना के इस 40 घंटे के युद्ध ने गोवा पर 450 साल से चले आ रहे पुर्तगाली शासन का अंत किया और गोवा भारतीय गणतंत्र का एक अंग बना| यधपि इस युद्ध का परिणाम सबको अपेक्षित था,मगर भारतीय सेना की तेजी ने सभी को चौका दिया और इस सफल रणनीति का श्रेय सगत सिंह राठौर को जाता है|

उनकी जीवनी में मेजर जनरल वी के सिंह ने लिखा है कि गोवा मुक्ति के लिए दिसम्बर 1961 में भारतीय सेना के ऑपरेशन विजय में 50 पैरा को सहयोगी की भूमिका में चुना गया, लेकिन उन्होंने इससे कहीं आगे बढ़, इतनी तेजी से गोवा को मुक्त कराया कि सभी दंग रह गए। 18 दिसम्बर को 50 पैरा को गोवा में उतारा गया। 19 दिसम्बर को उनकी बटालियन गोवा के निकट पहुंच गई। पणजी के बाहर पूरी रात डेरा जमा कर रखने के बाद उनके जवानों ने तैरकर नदी को पार कर शहर में प्रवेश किया। इसके बाद उन्होंने ही पुर्तगालियों को आत्मसमर्पण करने को मजबूर किया। पुर्तगाल के सैनिकों सहित 3306 लोगों ने आत्मसमर्पण किया। इसके साथ ही गोवा पर 450 साल से चला आ रहा पुर्तगाल का शासन समाप्त हुआ और गोवा भारत का हिस्सा बन गया।

<u>**पुर्तगालसरकार नेपकड़ेनेपररखाइनाम**</u> : गोवा से वापस आगरा आने पर सगत सिंह के साथ एक दिन घटना घटी। सिविल ड्रेस में सगत सिंह होटल में खाना खाने गए। जनरल वीके सिंह ने उनकी जीवनी में लिखा है कि होटल में कुछ विदेशी पर्यटक लगातार सगत सिंह की तरफ देख रहे थे। थोड़ी देर बाद एक पर्यटक उनके निकट आया और स्वयं को अमरीका का बताते हुए पूछा क्या आप ब्रिगेडियर सगत सिंह है? उन्होंने हां में जवाब दे कर विदेशी से इस सवाल का कारण पूछा। इस पर पर्यटक ने बताया कि, "मैं पुर्तगाल से आ रहा हूँ। वहां कई जगह हमने आपका पोस्टर देखा। पोस्टरों के नीचे लिखा था कि आपको पकड़ कर लाने वाले को दस हजार डॉलर इनाम दिया जाएगा|" सगत सिंह ने मुस्करा कर कहा, "ओह, तो फिर मैं आपके साथ पुर्तगाल चलता हूं। आपको इनाम मिल जाएगा। इस पर पर्यटक ने मजाकिया लहजे में कहा कि हम पुर्तगाल न जाकर सीधे अमेरिका जा रहे है। कभी और चलेंगे पुर्तगाल।"

<u>**आदेशकोदरकिनारकर घेरलिया ढाका**</u> : जनरल सगत ने वर्ष 1971 के भारत-पाक युद्ध के दौरान अगरतला सेक्टर की तरफ से हमला बोला था और अपनी सेना को लेकर आगे बढ़ते रहे। जनरल अरोड़ा ने उन्हें मेघना नदी पार नहीं करने का आदेश दिया, लेकिन हेलिकॉप्टरों की मदद से चार किलोमीटर चौड़ी मेघना नदी को पार कर उन्होंने पूरी ब्रिगेड उतार दी और आगे बढ़ गए। जनरल सगत सिंह ने अपने मित्र जो कि बाद में एयर वाइस मार्शल बने, चंदन सिंह राठौड़ की मदद से इस असंभव लगने वाले काम को अंजाम दिया था। तब देश के रक्षा मंत्री बाबू जगजीवन राम और पीएम इंदिरा गांधी हैरत में पड़ गए थे कि भारतीय सेना इतनी जल्दी ढाका कैसे पहुंच गई। आपको जानकर आश्चर्य होगा कि सेना के ढाका में प्रवेश करने की प्लानिंग सेना और सरकार के स्तर पर बनी ही नहीं थी, जबकि सगत सिंह ने उसे अंजाम भी दे दिया। जनरल सगत के नेतृत्व में भारतीय सेना ने ढाका को घेर लिया और जनरल नियाजी को आत्मसमर्पण का संदेश भेजा। इसके बाद 93 हजार पाकिस्तानी सैनिकों का आत्मसमर्पण और बांग्लादेश का उदय अपने आप में इतिहास बन गया। हालांकि, इसमें भी जनरल सगत सिंह

राठौर को कोई श्रेय नहीं मिला1

जीवन परिचय : सगत सिंह जी का जन्म 14 जुलाई 1919 को बीकानेर में ठाकुर बृजपाल सिंह राठौर के यहाँ हुआ था| सगत सिंह बचपन से देशप्रेमी थे और सेना में जाना उनका सपना था| स्कूली शिक्षा प्राप्त करते ही वो एक सिपाही के रूप में बीकानेर स्टेट फ़ोर्स ज्वाइन कर ली| दुसरे विश्व युद्ध में इन्होने मेसोपोटामिया, सीरिया, फिलिस्तीन के युद्धों में अपना जौहर दिखाया| सन 1947 में देश आजाद होने के बाद उन्होंने भारतीय सेना ज्वाइन करने का निर्णय लिया और सन 1949 में में उन्हें भारतीय सेना में कमीशंड ऑफिसर के रूप में 3 गोरखा राइफल्स में नियुक्ति मिल गई| 1955 में सगत सिंह को लेफ्टिनेंट कर्नल के रूप में 2/3 गोरखा राइफल्स की कमान दी गई, गोरखा राइफल्स में इससे पहले सिर्फ ब्रिटिश ऑफिसर्स ही तैनात होते थे और ब्रिटिश यह मानते थे कि गोरखा सैनिक भारतीय सेनानायक का नेतृत्व स्वीकार नहीं करेंगे, किन्तु यह आशंका निर्मूल सिद्ध हुई और गोरखा सैनिको का सगत सिंह राठौर ने बखूबी नेत्रत्व किया| इसके बाद इन्हें 3/3 गोरखा राइफल्स का भी नेत्रत्व दिया गया| वर्ष 1961 में इन्हें ब्रिगेडियर के रूप में प्रमोशन देते हुए पैराशूट ब्रिगेड की कमांड दी गई|

वर्ष 1965 में सगत सिंह को मेजर जनरल के रूप में नियुक्ति देकर 17 माउंटेन डिविजन की कमांड देकर चीन की चुनौती का सामना करने के लिए सिक्किम में तैनात किया गया, सगत सिंह ने सेना के मन से चीनियों का भय निकाला। कहते है जीत सुनिश्चित हो तो 'कायर' भी लड़ते है, लेकिन जब हार प्रत्यक्ष रूप से सामने खड़ी हो जो उस समय भी चक्रव्यूह भेदन करे असली अभिमन्यु वही है। सगत सिंह को तो हार के भय से नाथुला में लड़ने की आज्ञा भी नहीं दी गयी, लेकिन भारत माता की आन और मान-सम्मान के लिए इस शेर नें सिर्फ विजय के विकल्प को ही चुना।

11 सितंबर 1967 को चीन ने नाथू ला में लाउड स्पीकर लगाकर भारतीय सेना को चेतावनी दी मगर सगत सिंह ने अविचलित होकर अपना काम जारी रखा, उन्होंने चीनी सैनिको को उन्ही की भाषा में जवाब दिया और सीमा निर्धारण कर तार बाड का काम जारी रखा जिसे

रोकने की चीन ने पूरी कोशिश की| यहाँ चीन और भारतीय सैनिको में संघर्ष हुआ जिसमे भारत के 265 और चीन के 300 से ज्यादा सैनिक हताहत हुए, चीन ने हमले का आरोप भारत पर लगाया, सगत सिंह द्वारा नाथू ला को ख़ाली न करने का निर्णय आज भी देश के काम आ रहा है और नाथू ला आज भी भारत के कब्जे में है, अन्यथा चीन इस पर कब्ज़ा कर लेता| वर्ष 1967 में सगत सिंह को जनरल सैम मानेकशा ने बांग्लादेश मिजोरम में अलगाववादियों से निपटने की जिम्मेदारी दी जिसे उन्होंने बखूबी निभाया| वर्ष 1970 में सगत सिंह राठौर को लेफ्टिनेंट जनरल के पद पर प्रोन्नति दी गई और तेजपुर में नियुक्ति दी गई| यह नियुक्ति भी सैम मानेकशा के कारण दी गई क्योंकि सैम सगत सिंह की काबिलियत को बखूबी पहचानते थे|

लेफ्टिनेंट जनरल सगत सिंह के नेतृत्व में 4 corps ने 1971 के बांग्लादेश मुक्ति युद्ध में जबर्दस्त भूमिका निभाई, उस समय ईस्ट पाकिस्तान (बांग्लादेश) में आजादी का आन्दोलन चल रहा था और पाकिस्तान सेना वहां जबर्दस्त नरसंहार कर रही थी जिससे लाखो बंगलादेशी शरणार्थी भारत आ रहे थे जिनसे भारत पर बड़ा संकट आ रहा था,बार बार संयुक्त राष्ट्र में गुहार लगाने और पाकिस्तान को समझाने के बाद भी जब पाकिस्तान बाज नहीं आया तो भारत ने पूरी तैयारी के साथ ईस्ट पाकिस्तान में सैन्य कार्यवाही कर बांग्लादेश को आजाद कराने का निर्णय लिया| इस युद्ध में एक से बढ़कर एक वीरता के कार्य भारतीय सेना ने किये| इस युद्ध में जिस कमांडर ने नेतृत्व की मिसाल कायम करते हुए आगे बढ़कर सेना का नेतृत्व किया उनमे सर्वोत्तम रहे जनरल सगत सिंह राठौर|

बांग्लादेश मुक्ति अभियान में लेफ्टिनेंट जनरल जगजीत सिंह अरोड़ा के नेतृत्व में सगत सिंह राठौर, टी एन रैना, जे एस गिल ने बेहतरीन रणनीति से पाकिस्तान सेना के छक्के छुड़ा दिए| कई गहरी नदियों को पार करते हुए भारतीय सेना एक के बाद एक शहर जीतती चली गयी| पर निर्णायक रहा भारतीय सेना का विशाल मेघना नदी पार करने का सगत सिंह का निर्णय, जिसमे युद्ध इतिहास में पहली बार किसी मैदानी सेना ने वायु ब्रिगेड की मदद से कोई विशाल नदी पार

करने का कारनामा किया| यह बहुत ही दुस्साहसिक निर्णय था,अगर यह प्लान असफल हो जाता तो इसकी गाज सगत सिंह पर ही गिरती, और कहा भी जाता है कि कमजोर दिल वाले कमांडर युद्ध नही जीत सकते, इसके लिए रिस्क लेना पड़ता है|

1971 की सफलता का सबसे बड़ा श्रेय युद्ध-योजना को दिया जाता है लेकिन इस योजना पर अमल लेफ़्टिनेंट जनरल सगत सिंह, कैप्टेन स्वराज प्रकाश, ग्रुप कैप्टेन वोलेन और ग्रुप कैप्टेन चंदन सिंह के योगदान के बिना नहीं हो सकता था|

अर्जुन सुब्रमण्यम लिखते हैं, "अगर सगत सिंह ने अखौरा, भैरब बाज़ार और सिल्हट को बाईपास नहीं किया होता या चंदन सिंह ने एमआई हेलिकॉप्टरों के ज़रिए सैनिकों, हथियारों और तोपों को मेघना नदी के पार नहीं पहुँचाया होता या ग्रुप कैप्टेन वोलेन ने अपने पायलटों को तेजगाँव हवाई ठिकाने पर डाइव लगा कर हमला करने के लिए नहीं कहा होता या स्वराज प्रकाश और मेजर जनरल ऊबान ने करीब-करीब आधी डिवीजन भारतीय सेना को चटगाँव सेक्टर में नहीं लगाया होता तो ढाका 16 दिसंबर तक तो नहीं गिर पाता|"

1971 की लड़ाई ने युद्ध में वरिष्ठ नेतृत्व की भूमिका को रेखांकित किया था|तीनों सेना प्रमुखों ने 30 और 40 के दशक में पैदा हुए अफ़सरों की प्रतिभा को पहचानने और लड़ाई में उन्हें महत्वपूर्ण ज़िम्मेदारी देने में कोई कोताही नहीं बरती थी|

मानेक शॉ ने लड़ाई से कई महीने पहले अपने साथ काम कर चुके क़ाबिल अफ़सरों लेफ़्टिनेंट जनरल जगजीत सिंह अरोड़ा, मेजर जनरल जैकब, लेफ़्टिनेंट जनरल सगत सिंह और मेजर जनरल इंदर गिल को महत्वपूर्ण पदों पर बैठा दिया था|

जब दिल्ली में प्रधानमंत्री इंदिरा गाँधी, रक्षा मंत्री बाबु जगजीवन राम,रक्षा सचिव बी बी लाल ने यह सुना कि सगत सिंह राठौर ने मेघना नदी पार कर ली है तो किसी को अपने कानो पर विश्वास नहीं हुआ, और जब विश्वास हुआ तो सब ख़ुशी से झूम उठे| इसके बाद ही पाकिस्तानी सेना के हौसले टूट गए और यहाँ तक टूट गए कि जब भारतीय सेना ने ढाका को घेर लिया तो वहां से 93000 पाकिस्तानी सेना थी और

भारतीय सैनिकों की संख्या मात्र 3000 थी, मगर 16 दिसम्बर 1971 को पाकिस्तान के जनरल नियाजी ने 93000 सैनिको के साथ भारतीय लेफ्टिनेंट जनरल जगजीत सिंह अरोड़ा के समक्ष आत्मसमर्पण कर दिया, और बांग्लादेश आजाद हो गया|

बांग्लादेश मुक्ति युद्ध में सबसे महत्वपूर्ण भूमिका निभाने वाले और सबसे कामयाब कमांडर जनरल सगत सिंह राठौर को सिविलियन अवार्ड दिया गया| दुर्भाग्य की बात है कि उनसे कम सफल सैन्य अधिकारी पुरुस्कृत हुए और इस युद्ध की सफलता के हीरो बन गए| तभी एक सैन्य अधिकारी जो खुद इस अभियान में शामिल थे उन्होंने लिखा है कि " अगर सगत सिंह कुछ सदी पहले यूरोप या अमेरिका में पैदा हुए होते और इसी प्रकार बड़े युद्ध उन्हें लड़ने पड़ते तो उनकी गिनती विश्व में आज तक के सर्वोत्तम सेनानायको में होती, पर दुर्भाग्य से भारत में उन्हें वह सम्मान नहीं मिला जो उनके जैसी प्रतिभाशाली सेनानायक को देश के प्रति उनके योगदान को देखकर दिया जाना चाहिए था|"

बांग्लादेश मुक्ति युद्ध में सबसे महत्वपूर्ण भूमिका निभाने वाले और सबसे कामयाब कमांडर सगत सिंह राठौर को बांग्लादेश सरकार ने भी मान्यता दी और उन्हें सम्मान दिया | भारत सरकार ने उन्हें पदमभूषण पुरूस्कार दिया जो सिविलियन को दिया जाता है,यहाँ बहुत आश्चर्यजनक बात ये हुई कि किसी अनजानी वजह से उन्हें गैलेंट्री अवार्ड नही दिया गया जो सैन्य अधिकारियों को दिया जाता है|

26 सितम्बर 2001 को इस महान नायक का देहांत हो गया,उनकी सेवाएँ और योगदान अतुलनीय है, मगर एक सवाल है सगत सिंह राठौर के साथ हुए इस अन्याय का दोषी कौन है?तभी एक सैन्य अधिकारी जो खुद इस अभियान में शामिल थे उन्होंने लिखा है,

"यह विडंबना थी कि 1971 के युद्ध में सबसे सफल कॉर्प कमांडर को एक नागरिक पुरस्कार से संतोष करना पड़ा, जबकि कई अन्य अधिकारी ,जिनका प्रदर्शन उम्मीद से बहुत कम था,उन्हें वीरता के लिए वीरता पुरस्कार दिया गया और वे युद्ध के नायक बन गए|"

6

लेफ्टिनेंट अरुण खेत्रपाल ,परमवीर चक्र

"नहीं सर, मैं अपना टैंक नहीं छोड़ूंगा मेरी गन अभी भी काम कर रही है और मैं दुश्मनों को मार कर लौटूँगा!"

– लेफ्टिनेंट अरुण खेत्रपाल

जीवन परिचय :सेकेंड लेफ़्टिनेंट अरुण खेत्रपाल का जन्म: 14 अक्तूबर, 1950 को पूना में हुआ और वो 16 दिसम्बर, 1971 को वीरगति को प्राप्त हुए| दिसंबर 1971 के भारत-पाकिस्तान युद्ध में उन्हे मरणोपरांत परमवीर चक्र से सम्मानित किया गया | उनकी प्रारंभिक स्कूली शिक्षा अलग-अलग स्कूलों में हुई | लेकिन स्कूली शिक्षा के अंतिम पाँच महत्त्वपूर्ण वर्ष अरुण ने लारेंस स्कूल सनावर(हिमाचल प्रदेश) में गुजारे। वह जितना पढ़ाई-लिखाई में निपुण थे उतना ही खेल कूद में उनकी रुचि थी । वह स्कूल के एक बेहतर क्रिकेट खिलाड़ी थे। एन.डी.ए. (NDA) के दौरान वह 'स्क्वेड्रन कैडेट' के रूप में चुने गए। इण्डियन मिलिट्री अकेडमी देहरादून में वह सीनियर अण्डर ऑफिसर बनाए गए । 13 जून, 1971 को वह बाकायदा पूना हॉर्स में बतौर सेकेंड

लेफ्टिनेंट शामिल हुए। उन्होंने कभी किसी भी काम को बेमन से नहीं किया। मना तो किसी काम को कभी किया ही नहीं। यह उनकी तारीफ मानी जाती थी कि वह हर काम करने को खुशी-खुशी तैयार रहते थे और अपने काम के माहौल को बनाए रखते थे।

अरुण खेत्रपाल जिस परिवार में जन्मे उसमें फौजी जीवन के संस्कार कई पीढ़ियों से चले आ रहे थे। अरुण के परदादा सिख सेना में कार्यरत थे और 1848 में उन्होंने ब्रिटिश सेना के ख़िलाफ़ लड़ाई लड़ी थी। उनका मोर्चा चिलियाँवाला में हुआ था। अरुण के दादा जी पहले विश्व युद्ध के सैनिक थे तथा 1917 से 1919 तक उन्होंने इसमें हिस्सा लिया था। अरुण खेत्रपाल के पिता जी मदन लाल खेत्रपाल ब्रिगेडियर थे और उन्होंने अतिविशिष्ट सेना मेडल (AVSM) भी प्राप्त किया। इस परम्परा को सेकेंड लेफ्टिनेंट अरुण खेत्रपाल कायम रखा और देश के लिए अपने प्राणों का न्योछावर कर अपने परिवार और देश का गौरव बढ़ाया।

अरुण खेत्रपाल के लिए बहादुरी और अनुशासन दोनों एक ही शब्द के पर्यायवाची थे । जब वह इण्डियन मिलिट्री अकादमी में सीनियर अण्डर ऑफिसर थे, तब एक बहुत ख़ास मौका ऐसा आया, जहाँ इनका यह गुण स्पष्ट रूप से मुखर हुआ। उन्हें दो आदेश एक साथ मिले। एक आदेश ने उन्हें 11 बजे दिन में लाइब्रेरी की एक मीटिंग में भाग लेने को कहा। उसी दिन दूसरा आदेश उन्हें ठीक उसी समय, यानी 11 बजे फायरिंग रेंज में भेज रहा था। जाहिर है कि एक साथ एक ही समय दो स्थानों पर नहीं रह सकते। लेकिन इस विरोधाभासी आदेशों पर सवाल उठाना उनकी प्रकृति में नहीं था। उन्होंने फायरिंग रेंज में जाना स्वीकार किया और वहाँ ठीक समय पर पहुँचकर अपना फर्ज पूरा किया। लाइब्रेरी की मीटिंग में न पहुँचने के कारण दण्ड स्वरूप उन्हें सीनियर अण्डर ऑफिसर से एक पद नीचे उतार दिया गया। उन्होंने यह दण्ड बिना बहस स्वीकार कर लिया। उन्हें बाद में फिर सीनियर अण्डर ऑफिसर बनाया गया। लेकिन दण्ड भुगतने पर उन्होंने कोई शिकायत नहीं की। उन्होंने सेना के अनुशासन की मर्यादा का पालन किया।

अरुण खेत्रपाल जब फौज में नियुक्त हुए उसके बाद भारत पाकिस्तान के बीच युद्ध की भूमिका बन रही थी। पूर्वी पाकिस्तान पश्चिमी पाकिस्तान की बर्बरता का निरीह शिकार हो रहा था और भारत की सीमा में त्राहि त्राहि करते बांग्ला भाषी शरणर्थी बढ़ते जा रहे थे। अंततः 3 दिसम्बर1971 को यह नौबत आ ही गई थी कि युद्ध टाला न जा सका ।

अरुण खेतरपाल आर्मी करियर :अरुण खेतरपाल की करियर की शुरुआत सन 1971 में हुई थी। अरुण खेतरपाल ने अपना सैनिक जीवन 13 जून 1971 से शुरू किया था। उनका सैनिक जीवन सिर्फ 6 माह का था तभी 3 दिसंबर 1971 को भारत-पाकिस्तान का युद्ध छिड़ गया ।उन्हे पहली पोस्टिंग टैंकों की रेजीमेंट 17 पूना हार्स में मिली । उनकी रेजीमेंट को युद्ध में जाने का आदेश मिला परंतु उन्हे यंग ऑफिसर कोर्स के लिए नामित कर दिया गया। अरुण कोर्स में जाने की बजाय युद्ध में भाग लेना चाहते थे । उन्होंने इसके लिए अपने सीनियर अधिकारी से अनुरोध किया परंतु उनका अनुरोध किसी ने नहीं सुना ।उन्होंने जब देखा की वो युद्ध में भाग नहीं ले पाएंगे तो वो अपने कमांडिंग ऑफिसर कर्नल हनूत सिंह के पास अपनी फ़रियाद लेकर गए। जब कमांडिंग ऑफिसर ने उनसे कोर्स में न जाने का कारण पूछा तो उनकी आँखों से आँसू बहने लगे । कमांडिंग ऑफिसर को अरुण के इरादों का पता चल चुका था । उन्होंने अरुण की फ़रियाद सुन ली और उन्हे लड़ाई में भाग लेने की इजाजत दे दी।

यह युद्ध पूर्वी पाकिस्तान ,आज का बांग्लादेश और पश्चिमी पाकिस्तान दोनो ही फ्रंट पर लड़ा जा रहा था ।इस युद्ध में अरुण खेतरपाल को एक स्क्वाड्रन की कमान संभालने की ड्यूटी पर तैनात किया गया था। युद्ध में अरुण ने पाकिस्तान के कई तोपों को नष्ट किया था। अरुण खेतरपाल को अन्य स्क्वाड्रन का संदेश मिला और वे मदद के लिए अपनी टुकड़ी को लेकर भारत-पाकिस्तान के सीमावर्ती गाँव शकरगढ़ के जरपाल की ओर गए। वह दुश्मनों के टैंकों को नष्ट करते रहे। इसी दौरान दुश्मनों के निशाने पर उनका टैंक आ गया और उनके टैंक में आग लग गई।उन्हे पीछे लौटने का आदेश मिला । पर

उन्होंने कहा – "सर, मैं अपना टैंक नहीं छोड़ूंगा। जब तक मेरी गन काम करती रहेगी, मैं फायर करता रहूंगा|"

युद्ध की परिस्थितियों को देखकर अरुण खेत्रपाल पीछे नहीं हटे और दुश्मनों से लड़ते रहे। अरुण खेतरपाल भी पूरी तरह घायल हो चुके थे।उनके दोनो पैर कट चुके थे | उसी दौरान अरुण खेत्रपाल की मृत्यु हो गई। वह देश के लिए शहीद हो गए | मरणोपरांत उन्हे देश के सर्वोच्च वीरता पुरस्कार परमवीर चक्र से सम्मानित किया गया |

अरुण ने युद्ध के दौरान अपने पिता को पत्र लिखा था, 'डियर डैडी, हमें बहुत आनन्द आ रहा है। हमारी रेजिमेंट की बहादुरी का सिक्का दुनिया भर से ऊपर है। हम जल्दी ही यह लड़ाई खत्म कर देंगे।'

यह युद्ध 17 दिसम्बर 1971 को खत्म हुआ| अरुण खेत्रपाल की बहादुरी की कहानी सिर्फ भारत में ही नहीं बल्कि दुश्मन देश पाकिस्तान के एक सैन्य अधिकारी द्वारा भी की गई|

शहादत के बाद :बेटे की शहादत के कुछ समय बाद ही अरुण के पिता ब्रिगेडियर मदन लाल खेत्रपाल को पाकिस्तान से सन्देश मिला कि कोई उनसे मिलना चाहता है। ऐसे सन्देश का आना भारत और पाकिस्तान के बीच शांति प्रक्रिया स्थापित करने वाली 'ट्विन ट्रैक डिप्लोमेटिक एफर्ट' इकाई द्वारा सम्भव हुआ था। चूँकि उसमें न तो सन्देश भेजने वाले की पहचान सामने आती थी, न ही मिलने की इच्छा का कारण स्पष्ट था, तो खेत्रपाल ने इस पर कभी ध्यान नहीं दिया। बात आई गई हो गई।

अरुण खेत्रपाल का पैतृक परिवार सरगोधा से जुड़ा हुआ था, जो विभाजन के बाद पाकिस्तान में चला गया। पद मुक्त हो जाने के बाद क़रीब अस्सी वर्ष की आयु में अरुण के पिता ने यह इच्छा जाहिर की कि वह अपनी पैतृक भूमि सरगोधा जाकर कुछ समय बिताएँ। उनकी इच्छा का सम्मान करते हुए इसकी व्यवस्था हुई और उनका वीसा आदि जारी किया गया। पाकिस्तान में उनकी सरगोधा में रहने की व्यवस्था देखने के लिए एक जिम्मेदार फौजी अधिकारी तैनात किया गया। उस अधिकारी ने उन्हें जितना भाव भीना सत्कार तथा गहरी आत्मीयता दी वह उनको गहरे तक प्रभावित कर गई। उस अधिकारी ने उन्हे अपने घर और परिवार के बीच ही रखा । यह वर्ष 2001 की बात है। जब अरुण की

वीरगति को तीस वर्ष बीत चुके थे|

पाकिस्तान में जिस अधिकारी को ब्रिगेडियर मदनलाल खेत्रपाल का आतिथ्य कार्य सौंपा गया था, वह पाक सेना की 13 लांसर रेजीमेंट के ब्रिगेडियर के. एम. नासर थे। इनके अंतरंग आतिथ्य ने खेत्रपाल को काफ़ी हद तक विस्मित भी कर दिया था। जब खेत्रपाल की वापसी का दिन आया तो नासर परिवार के लोगों ने खेत्रपाल के परिवार वालों के लिए उपहार भी दिए और ठीक उसी रात ब्रिगेडियर नासर ने ब्रिगेडियर खेत्रपाल से कहा कि वह उनसे कुछ अंतरंग बात करना चाहते हैं। फिर जो बात उन्होंने खेत्रपाल से कि, वह लगभग हिला देने वाली थी।

ब्रिगेडियर नासर ने खेत्रपाल को बताया कि 16 दिसम्बर, 1971 को शकरगढ़ सेक्टर के जारपाल के रण में वह अरुण खेत्रपाल के साथ युद्ध करते हुए आमने-सामने थे और उन्हीं की टैंक के गन के गोले से उनके बेटे का टैंक बर्बाद हुआ था और उसमें आग लग गई थी| वह हमला उनके बेटे के लिए प्राण घातक साबित हुआ और वो शहीद हो गए ।"आपका बेटा बहुत बहादुर था|" खेत्रपाल यह सुनकर स्तब्ध रह गए । नासर का कहना जारी रहा । नासर के शब्दों में एक साथ कई तरह की भावनाएँ थी। वह उस समय युद्ध में पाकिस्तान की तरफ से युद्ध कर रहे थे इस नाते अरुण उनकी शत्रु सेना का अधिकारी था, और उसे मार देना उनके लिए गौरव की बात थी| लेकिन उन्हें इस बात का रंज भी था कि इतना वीर, इतना साहसी, इतना प्रतिबद्ध युवा सेनानी उनके हाथों मारा गया। वह इस बात को भूल नहीं पा रहे थे।

ब्रिगेडियर नासर ने कहा कि 'बड़े पिण्ड' की लड़ाई के बाद ही लगातार अरुण के पिता से सम्पर्क करना चाह रहे थे। बड़े पिण्ड से उनका संकेत उसी रण से था, जिसमें अरुण मारा गया था। नासर को इस बात का दुःख था कि वह ऐसा नहीं कर पाए, लेकिन यह उनकी इच्छा शक्ति का परिणाम था, जो उनकी इस बहाने ब्रिगेडियर खेत्रपाल से भेंट हो ही गई। नासर और खेत्रपाल की इस बातचीत के बाद, दोनों के बीच सिर्फ सन्नाटा छाया रहा। लेकिन खेत्रपाल के मन में इस बात का संतोष और गौरव ज़रूर था कि उनका बेटा इतनी बहादुरी से लड़ता हुआ शहीद हुआ कि शत्रु पक्ष भी उसे भूल नहीं पाया और शत्रु के मन में भी उनके बेटे को मारने

का दुःख बना रहा, भले ही यही उसका कर्तव्य था। यह कैसी विडंबना थी कि बेटे के हत्यारे के द्वारा पिता का स्वागत सत्कार किया जा रहा था| सच्चाई तो यही है कि सभी अपनी देशभक्ति का फर्ज निभा रहे थे| ब्रिगेडियर नासार के दिल का बोझ उतर चुका था| ब्रिगेडियर खेतरपाल अपने बेटे की मौत का गम अपने सीने में छुपाये ब्रिगेडियर नासार से विदा लेकर वापस अपने देश भारत लौट गए|

7

फ्लाइंग लेफ्टिनेंट निर्मलजीत सिंह, परमवीर चक्र

"चिड़ियों से मैं बाज लड़ाऊँ, गीदड़ों को मैं शेर बनाऊँ!
सवा लाख से एक लड़ाऊँ तभी गोबिंद सिंह नाम कहऊँ !!"

- गुरु गोबिन्द सिंह

17 जुलाई 1945 को पंजाब के लुधियाना के इसेवाल गांव में एक नरसिंह पैदा हुआ। नाम था- फ्लाइंग ऑफिसर निर्मलजीत सिंह सेखों। उन्हें देखकर ऐसा प्रतीत होता था, जैसे भारतीय वायुसेना के अद्वितीय कौशल और पराक्रम के परिलक्षण ने मानों शारीरिक प्रतिमूर्ति धारण कर ली हो। इस बालक का पुरुषार्थ आने वाले समय में शौर्य की परिभाषा बनने वाला था। श्री त्रिलोक सिंह सेखों और श्रीमती हरबंस कौर के इस ओजस्वी पुत्र का दिल बचपन में ही विमान और वायु सेना पर आ गया था। इसके पर्याप्त कारण भी थे। राष्ट्र रक्षण के संस्कार उनके खून में थे। वो मास्टर वारंट ऑफिसर श्री त्रिलोक सिंह सेखों के बेटे थे। उनका तो क्रीड़ांगन भी वायु सेना बेस हलवाड़ा था, जो उनके अपने गांव इसेवाल के पास स्थित था।

शुरुआतीजीवन :फ्लाइंग ऑफिसर निर्मलजीत सिंह सेखों ने लुधियाना के पास खालसा हाई स्कूल अजितसर मोही में अध्ययन किया और उसके बाद 1962 में आगरा के दयालबाग इंजीनियरिंग कॉलेज में इंजीनियरिंग की पढ़ाई करने लगे | लेकिन उन्होंने इंजीनियरिंग कोर्स बीच में ही छोड़ दिया और भारतीय वायु सेना में शामिल हो गए। उन्हें एक लड़ाकू पायलट के रूप में जून 1967 को भारतीय वायु सेना में कमीशन दिया गया। कठोर प्रशिक्षण पूरा करने के बाद फ्लाइंग ऑफिसर निर्मलजीत अक्टूबर 1968 में वायुसेना के 18 स्क्वाड्रन में शामिल हो गए, जिन्हें "फ्लाइंग बुलेट" के नाम से भी जाना जाता है।

वायु सेना में जाने वाले अपने परिवार से वह अकेले नहीं थे बल्कि इस क्रम में वह दूसरे नम्बर पर थे। इसके पहले उनके पिता वायु सेना में अपनी सेवाएं दे चुके थे| बस कुछ ही महीने पहले उनका विवाह हुआ था और उसमें भी निर्मलजीत सिंह ने पत्नी मंजीत के साथ चंद दिन ही बिताए थे । नए जीवन के कितने ही सपने उनकी आँखों में रहे होंगे ! कर्तव्य पथ के उस निर्णायक पल में उन्हे सिर्फ अपना नेट विमान सूझा और दुश्मन के F-86 सेबर जेट, जिन्हें मार गिराना था।

भारत–पाकयुद्ध: 14 दिसंबर 1971 :भारत-पाकिस्तान युद्ध 1971 के दौरान फ्लाइंग ऑफिसर निर्मलजीत सेखों श्रीनगर बेस पर मौजूद Gnat युद्धक विमानों के पायलट थे। पाकिस्तान के साथ 1948 तक अंतरराष्ट्रीय समझौतो के अनुसार कोई भी देश श्रीनगर में वायुसेना अड्डा स्थापित नहीं कर सकता था। परन्तु, पाकिस्तान ने इस समझौते का उलंघन करते हुए न सिर्फ युद्धक विमानों का अड्डा स्थापित किया, बल्कि 1971 में इन अड्डों से भारत के खिलाफ मोर्चा भी खोल दिया। भारत ने आनन-फानन में यहां एयरबेस स्थापित किया और अपने सबसे कुशल वायु योद्धाओं को नियुक्त किया। यह राष्ट्र रक्षण करनेवाले योद्धाओं की सबसे अग्रिम पंक्ति थी।

14 दिसंबर 1971 को श्रीनगर हवाई क्षेत्र पाकिस्तानी वायुसेना के पेशावर एयरबेस से 26 वें स्क्वाड्रन के छह F-86 विमानों ने उड़ान भरी। उनका निशाना था श्रीनगर एयरबेस, ताकि जम्मू-कश्मीर को शेष भारत से अलग किया जा सके। सुरक्षा टुकड़ी की कमान संभालते हुए फ़्लाइंग

ऑफ़िसर निर्मलजीत सिंह वहाँ पर 18 नेट स्क्वाड्रन के साथ तैनात थे। एयरफील्ड में एकदम सवेरे काफ़ी धुँध थी। सुबह 8 बजकर 2 मिनट पर चेतावनी मिली थी कि दुश्मन आक्रमण कर रहा है। दुश्मन F-86 सेबर जेट वेमानों के साथ आया था। उस समय निर्मलजीत के साथ फ्लाइंग लैफ्टिनेंट घुम्मन भी कमर कस कर मौजूद थे। अचानक हुए इस भीषण हमले ने मानों सब को स्तब्ध कर दिया। पाकिस्तानियों की बम वर्षा ने रनवे और एक Gnat विमान को ध्वस्त कर दिया। बिजली की गति से <u>प्रतिउत्तर</u> देते हुए फ्लाइंग ऑफिसर निर्मलजीत ने Gnat विमान की कमान संभाली। फ्लाइट लेफ्टिनेंट घुम्मन के साथ अपनी जान की परवाह न करते हुए, उन्होंने टूटे हुए रनवे से टेक ऑफ करना शुरू कर दिया। निर्मलसिंह तथा घुम्मन ने तुरंत अपने उड़ जाने का संकेत दिया |ठीक 8 बजकर 4 मिनट पर दोनों वायु सेना-अधिकारी दुश्मन का सामना करने के लिए आसमान में थे।

कितना साहस भरा कृत्य रहा होगा, टूटे विमान के साथ टूटे रनवे पर धूल के गुब्बारों के बीच, जहां आपको कुछ ना दिख रहा हो और शत्रु को सब दिख रहा हो, विमान को टेक ऑफ कराना। पर, उन्होंने ये काम सफलतापूर्वक पूर्ण किया। वैसे भी ये पराक्रम भारतीय सेना का कोई सैनिक ही कर सकता था।

सर्वोच्चबलिदान : घुम्मन उस समय खुद एक सेबर जेट का पीछा कर रहे थे। सेखों दो सेबर जेट विमानों का सामना कर रहे थे , इनमें से एक जहाज वही था, जिसने एयरफिल्ट पर बम गिराया था। बम गिरने के बाद एयर फील्ड से कॉम्बैट एयर पेट्रोल का सम्पर्क सेखों तथा घुम्मन से टूट गया था। सारी एयरफिल्ड धुएँ और धूल से भर गई थी, जो उस बम विस्फोट का परिणाम थी। इस वजह से दूर तक देख पाना कठिन था। तभी फ्लाइट कमाण्डर स्क्वाइन लीडर पठानिया को नजर आया कि कोई दो हवाई जहाज मुठभेड़ की तैयारी में हैं। घुम्मन ने भी इस बात की कोशिश की, कि वह निर्मलजीत सिंह की मदद के लिए वहाँ पहुँच सकें लेकिन यह सम्भव नहीं हो सका। तभी रेडियो संचार व्यवस्था से निर्मलजीत सिंह की आवाज़ सुनाई पड़ी, "मैं दो सेबर जेट जहाजों के पीछे हूँ...मैं उन्हें जाने नहीं दूँगा..."

उसके कुछ ही क्षण बाद नेट से आक्रमण की आवाज़ आसमां में गूँजी और एक पाकिस्तानी सेबर जेट आग में जलता हुआ गिरता नजर आया। तभी निर्मलजीत सिंह सेखों ने अपना सन्देश प्रसारित किया, "मैं मुकाबले पर हूँ और मुझे मजा आ रहा है। मेरे इर्द-गिर्द दुश्मन के दो सेबर जेट हैं। मैं एक का ही पीछा कर रहा हूँ, दूसरा मेरे साथ-साथ चल रहा है।"

इस सन्देश के जवाब में स्क्वेड्रन लीडर पठानिया ने निर्मलजित सिंह को कुछ सुरक्षा सम्बन्धी हिदायत दी, जिसे उन्होंने पहले ही पूरा कर लिया था। इसके बाद नेट से एक और धमाका हुआ जिसके साथ दुश्मन के सेबर जेट के ध्वस्त होने की आवाज़ भी आई। अभी निर्मलजीत सिंह को कुछ और भी करना बाकी था, उनका निशाना फिर लगा और एक बड़े धमाके के साथ दूसरा सेबर जेट भी ढेर हो गया। कुछ देर की शांति के बाद फ्लाइंग ऑफिसर निर्मलजीत सिंह सेखों का सन्देश फिर सुना गया। उन्होंने कहा,

"शायद मेरा नेट भी निशाने पर आ गया है... घुम्मन, अब तुम मोर्चा संभालो।"यह निर्मलजीत सिंह का अंतिम सन्देश था।

इस हवाई युद्ध में निर्मलजीत सिंह सेखों ने एक F-86 को सीधे प्रहार में तुरंत ही मार गिराया और दूसरे में आग लगा दी। इस Dogfight में उनका विमान भी क्षतिग्रस्त हो गया। हिट होने के बाद सेखों को बेस पर लौटने की सलाह दी गई। परन्तु, वो लौटे नहीं, बल्कि क्षतिग्रस्त विमान के साथ ही अकेले पाकिस्तानी विमानों का पीछा करते रहें। उनके इस साहस को देख पाकिस्तानी अपने सीमा में भाग खड़े हुए। कहा जाता है कि क्षतिग्रस्त विमान होने के बावजूद भी कोई पाकिस्तानी विमान उन्हें गिरा नहीं सका था।वो गिरे भी तो विमान की नियंत्रण प्रणाली की विफलता के कारण। उन्होंने अंतिम मिनट में इजेक्शन का प्रयास किया, जो सफल साबित नहीं हुआ। Gnat का मलबा श्रीनगर शहर की ओर आने वाली सड़क के पास मिला था। सेना और वायु सेना के कई खोज प्रयासों के बावजूद, उनका मृत शरीर पहाड़ी इलाकों में कभी नहीं मिला।

उनका विमान दुर्घटनाग्रस्त हो गया और वो शहीद हो गए, लेकिन उनका बलिदान व्यर्थ नहीं गया। भारतीय वायु सेना की वीरता, अनुकरणीय साहस, उड़ान कौशल और दृढ़ संकल्प बेहतरीन परंपरा को

उन्होंने जीवंत रखा। उनकी बहादुरी और कौशल 1:6 का अनुपात होने के बावजूद, वो जिस कौशल से लड़ें वो ना सिर्फ भारत बल्कि विश्व के किसी भी पेशेवर युद्धक विमान पायलट के लिए मानद टेक्स्ट बुक बन गया। इस वीरता के लिए वो भारत के सर्वोच्च युद्ध पदक "परमवीर चक्र" प्राप्त करने वाले प्रथम वायु सेनाधिकारी बनें। यानी सेखों भारतीय वायुसेना के इकलौते ऐसे अधिकारी हैं, जिन्हें परमवीर चक्र से सम्मानित किया गया। भले ही फ्लाइंग ऑफिसर निर्मलजीत कश्मीर की वादियों में कहीं खो गए हो, लेकिन भारत सदैव उन्हें अपनी स्मृतियों में जीवित रखेगा।

8

कैप्टन विजयंत थापर, वीरचक्र

– अफीसर्स ट्रेनिंग अकादमी, चेन्नई

देश प्रेम का जज्बा कुछ ऐसा होता है कि एक बार शहीद हो जाने के बाद जवान बार-बार इसी धरती पर जन्म लेकर देश के लिए शहीद होने की तमन्ना रखते हैं। दिल्ली-एनसीआर में भी कई ऐसे युवा रहे हैं जिन्होंने हंसते-हंसते देश के लिए अपने प्राण न्यौछावर कर दिए। ऐसे शहीदों के परिजन भी मजबूत दिल के होते हैं, वो अपने परिवार के बाकी सदस्यों को भी फौज में शामिल करने की इच्छा रखते हैं। कारगिल के युद्ध में एक ऐसा ही जवान शहीद हुआ था, उसका नाम था कैप्टन विजयंत थापर।

विजयंत की पढ़ाई दिल्ली विश्वविद्यालय से हुई थी। विजयंत का नाम भारतीय सेना के गौरवशाली टैंक विजयंत के नाम पर रखा गया था। विजयंत के नाम पर गुरुनानक देव खालसा कॉलेज ने अपने एनसीसी विभाग का नाम विजयंत रखा। देश का मस्तक गर्व से ऊंचा करने वाले इस वीर की गाथा की चर्चा यहां भी होती है। विजयंत यहां की एनसीसी के सदस्य थे।

अगले जन्म में फिर से सेना में होना चाहूंगा भर्ती :कारगिल युद्ध के समय उन्होंने कहा था कि अगर प्रभु ने अगले जन्म में इंसान बनाया तो मैं फिर भी भारतीय सेना ज्वाइन करूंगा और दुश्मनों से लड़ूंगा। आने वाली पीढ़ियों के लिए विजयंत का यह विचार एक प्रेरणा स्रोत है|

गरज रहीं थीं तोपें, बरस रहे थे गोले :नोएडा के सेक्टर-29 में रह रहे विजयंत थापर के पिता कर्नल वी एन थापर कहते हैं कि विजयंत के माथे पर हमेशा विजय का तिलक लगा। जून 1999 में "ऑपरेसन विजय" के दौरान जब कारगिल में युद्ध हो रहा था, विजयंत लड़ाई के आखिरी पड़ाव में नॉल पहाड़ी पर पहुंचा तो वहां बहुत ज्यादा बमबारी हो रही थी। 120 तोपें भारत की ओर से गरज रहीं थीं तो इतनी ही तोपें पाकिस्तान की तरफ से भी। एक छोटे से क्षेत्र में इतनी ज्यादा गोलाबारी तो दुनिया में किसी युद्ध में नहीं हुई होगी। इसी बीच तोप का एक गोला विजयंत की टुकड़ी पर गिरा। कुछ जांबाज शहीद हुए।विजयंत अपनी टुकड़ी और घायलों को लेकर सुरक्षित जगह पर पहुंचे। 19 लोगों के साथ तोलोलिंग नाले की तरफ से दुश्मनों के पीछे गए और फिर उनके बीच से निकलकर अपनी कंपनी से मिले। इसी दौरान सूबेदार मानसिंह को एक गोले का हिस्सा लगा। वह गंभीर रूप से घायल हो गए। इससे नॉल पहाड़ी पर नेतृत्व का पूरा जिम्मा विजयंत के कंधों पर आ गया। उन्होंने यह जिम्मेदारी बखूबी निभाई।

बढ़ते जा रहे थे कदम :विजयंत ने 28-29 जून 1999 की दरम्यानी रात में नॉल पहाड़ी पर तिरंगा लहराया। इसके बाद थोड़ा आगे बढ़े तो दुश्मनों की मशीनगन गोलियां उगल रहीं थीं, लेकिन विजयंत के कदम आगे ही बढ़ते जा रहे थे। इसी दौरान एक गोली विजयंत के माथे पर लगीं और वह शहीद गए। जहां शहीद हुए वहां उनके साथियों ने मंदिर बनाया। जहां वॉर मेमोरियल बना है, वहां के हेलीपैड का नाम विजयंत हेलीपैड रखा गया है।

बर्बाद बंकर पर किया था कब्जा :विजयंत थापर ने तोलोलिंग पर विजय दिलाई। यह कारगिल और "ऑपरेशन विजय" में उनकी यूनिट 2 राजपूताना राइफल्स की पहली जीत थी। विजयंत ने पाकिस्तानी पोस्ट बर्बाद बंकर पर कब्जा किया था। यह विजय सेना के लिए अहम थी।

क्योंकि यहां से छिपकर दुश्मन सीधे सेना को सैनिकों को आपूर्ति होने वाली रसद को निशाना बना रहा था।

अपने देश के लिए लड़ूंगा :आज से चौबीस साल पहले कारगिल युद्ध में सेना को तोलोलिंग चोटी पर भारत को पहली जीत दिलाने वाले भारत माता के इस अमर सपूत के अंदर कुछ कर गुजरने की चाहत थी। निश्चय इतना दृढ़ था कि महज 22 साल की उम्र में चांदनी रात में भी नॉल पहाड़ी पर दुश्मनों के नापाक इरादों को नेस्तनाबूद कर तिरंगा फहरा दिया। भारत सरकार ने इस अमर बलिदानी को वीर चक्र से अलंकृत किया।

देश की रक्षा के लिए सीमा पर तैनात भारतीय सैनिक न सिर्फ दुश्मन सेना के साथ हुई जंग में जीतकर तिरंगा फहराते हैं बल्कि हमारे सैनिक अपनी भावनाओं से देश का दिल भी जीत लेते हैं। 2 राजपुताना राइफल्स के कैप्टन विजयंत थापर ने शहादत के ठीक पहले अपने परिजनों को ऐसा ही दिल जीतने वाला एक पत्र लिखा था।

"जब तक आप लोगों को यह पत्र मिलेगा, मैं ऊपर आसमान से आपको देख रहा होऊंगा और अप्सराओं की सेवा-सत्कार का आनंद उठा रहा होऊंगा। मुझे कोई पछतावा नहीं है कि जिंदगी अब खत्म हो रही है, बल्कि अगर फिर से मेरा जन्म हुआ तो मैं एक बार फिर सैनिक बनना चाहूंगा और अपनी मातृभूमि के लिए मैदान-ए-जंग में लड़ूंगा।

अगर हो सके तो आप लोग उस जगह पर जरूर आकर देखिए, जहां आपके बेहतर कल के लिए हमारी सेना के जांबाजों ने दुश्मनों से लोहा लिया था। जहां तक इस यूनिट का सवाल है, तो नए आने वालों को हमारे इस बलिदान की कहानियां सुनाई जाएंगी और मुझे उम्मीद है कि मेरा फोटो भी अल्फा कंपनी के मंदिर में करणी माता के साथ रखा होगा।

आगे जो भी दायित्व हमारे कंधों पर आएंगे, हम उन्हें पूरा करेंगे। मेरे आने वाले धन में से कुछ भाग अनाथालय को भी दान कीजिएगा और रुखसाना को भी हर महीने 50 रुपए देते रहिएगा और योगी बाबा से भी मिलिएगा।

बेस्ट ऑफ लक टू बर्डी। हमारे बहादुरों का यह बलिदान कभी भूलना मत। पापा, आपको अवश्य ही मुझ पर गर्व होगा और मां भी मुझ पर

गर्व करेंगी। मामाजी, मेरी सारी शरारतों को माफ करना। अब वक्त आ गया है कि मैं भी अपने शहीद साथियों की टोली में जा मिलूं। बेस्ट ऑफ लक टू यू ऑल, लिव लाइफ किंग साइज।

आपका बेटा,रॉबिन (विजयंत को घर में प्यार से रॉबिन बुलाया जाता था)

कैप्टन विजयंत थापर टोलोलिंग पहाड़ी पर काबिज पाक घुसपैठियों से हुए भीषण युद्ध में शहीद हुए थे। उनके माथे पर लगी गोली ने इस युवा का मानो विजय तिलक किया था, उनकी वीरता व बलिदान को राष्ट्र ने वीर चक्र से सम्मानित किया।

कारगिल युद्ध में सेना की सर्वोच्च परंपरा का पालन करते शहीद हुए 2 राजपुताना राइफल्स के कैप्टन विजयंत थापर का लिखा यह पत्र पढ़कर कोई भी यह समझ सकता है कि लड़ाई के मोर्चे पर भारतीय सैनिकों के हौसले कितने बुलंद होते हैं। यह पत्र एक ऐतिहासिक दस्तावेज की तरह है, जो आने वाली तमाम पीढ़ियों को देशभक्ति और कर्तव्य-पालन की प्रेरणा देता रहेगा।

वह देश के लिए कुछ भी कर सकते थे :कारगिल शहीद कैप्टन विजयंत थापर ,वीर चक्र के पिता कर्नल (सेवानिवृत) वीएन थापर कहते हैं कि "कारगिल अपनी किस्म का पहला युद्ध था। इतनी कठिनाइयां थीं, जिन्हें गिनाया नहीं जा सकता है। बस एक ही चीज थी वह थी- हौसला और बहादुरी। इसी के दम पर जवानों ने देश का मस्तक ऊंचा किया। 24 से 25 साल के लड़कों ने जो वीरता दिखाई, उसे नमन किया जाना चाहिए|"

मिला था बेस्ट कैडेट का अवार्ड : कर्नल थापर कहते हैं , "हमें अपने वीरों पर गर्व करना चाहिए। जिस देश में वीर कम हो जाते हैं, वह देश पतन की ओर चला जाता है। हमें अपने वीरों को याद रखना चाहिए। सुबह जब ईश्वर की प्रार्थना करें तो इन वीरों को भी याद करें। कारगिल युद्ध जोश और जज्बे के लिए जाना जाता है। जवानों के अंदर जज्बा था, वह देश के लिए कुछ भी कर सकते थे। मेरा बेटा भी ऐसा ही था। एनसीसी की तरफ से हर साल मेले का आयोजन किया जाता है जिसका नाम विजयंत है। दिल्ली के पूर्व मुख्यमंत्री साहिब सिंह वर्मा ने विजयंत

को बेस्ट कैडेट का अवार्ड दिया था।"

विजयंत ने अपना लक्ष्य तय कर लिया था : विजयंत की मां तृप्ता थापर कहती हैं, " घर का माहौल देश सेवा से ओत प्रोत था। कर्नल थापर की वजह से घर में अनुशासन था और यह जरूरी भी है क्योंकि जीवन में अनुशासन एक लक्ष्य की ओर ले जाता है। विजयंत ने भी अपना लक्ष्य तय कर लिया था। मेरा बेटा जितना वीर था उतना दयालु भी था । अपनी पॉकेटमनी गरीबों को दे देता था। वह सच्चा देशभक्त था। स्पोर्ट्स और एकेडमिक दोनों में अव्वल रहता था। स्वीमिंग में उसका कोई सानी नहीं था। कारगिल युद्ध के समय उसने बच्ची रुखसाना की मदद की थी।

आइएमए में स्वीमिंग में गोल्ड मेडल लेकर आया था। वह चुनौतियां स्वीकार कर जीत कर दिखाता था। कोई भी काम हो उसे ईमानदारी से करना चाहिए, जज्बा होना चाहिए, ये गुण मेरे बेटे में स्वाभाविक रूप से था । महज 22 साल की उम्र में मेरे बेटे ने नॉल पहाड़ी पर दुश्मनों की गोलियों की बौछारों के बीच भारत को जीत दिलाई।"

विजयंत थापर और विक्रम बत्रा ने एक ही स्कूल से की थी पढ़ाई : विजयंत ने 12 वीं की पढ़ाई चंडीगढ़ के उसी डीएवी स्कूल से की थी, जहां से कारगिल शहीद और परमवीर चक्र विजेता विक्रम बत्रा ने भी पढ़ाई की थी। विक्रम बत्रा उनसे दो साल सीनियर थे। विजयंत ने स्नातक (बीकॉम) दिल्ली विश्वविद्यालय के खालसा कॉलेज से किया था।

9

कैप्टन मनोज कुमार पांडे, परमवीर चक्र

“यदि अपना शौर्य सिद्ध करने से पूर्व मेरी मृत्यु आ जाए तो ये मेरी कसम है कि मैं मृत्यु को ही मार डालूँगा।”
– कैप्टन मनोज कुमार पाण्डे, परम वीर चक्र

फील्ड मार्शल सैम मानेकशॉ ने कहा था कि अगर कोई यह कहे कि उसे मौत से डर नहीं लगता तो या तो वो गोरखा है या फिर झूठ बोल रहा है| कारगिल शहीद कैप्टन मनोज पांडे उनकी इस बात पर पूरे खरे उतरे| कैप्टन मनोज निर्भीकता और पराक्रम का उदाहरण हैं| जुलाई 1999 को कारगिल की जंग में खालुबार की लड़ाई में वो शहीद होकर हमेशा के लिए अमर हो गए| ‘कुछ लक्ष्य इतने अनमोल होते हैं कि अगर आप उन्हें हासिल करने में असफल रह जाएं तो उसमें भी मजा आता है|”, ये शब्द कैप्टन मनोज पांडे ने अपनी पर्सनल डायरी में लिखे थे|

मनोज का जन्म 25 जून 1975 को उत्तरप्रदेश के सीतापुर में हुआ था| उनके पिता गोपीचंद पांडे पान की दुकान चलाते हैं और उनकी माँ मोहिनी पांडे गृहणी हैं| मनोज ने लखनऊ के रानी लक्ष्मीबाई मेमोरियल सीनियर सेकेंड्री स्कूल और सैनिक स्कूल से शिक्षा हासिल किया |उन्हे बॉक्सिंग और बॉडी बिल्डिंग का खासा शौक था| सन् 1990 में वो उत्तर प्रदेश में एनसीसी की जूनियर डिविजन के बेस्ट कैडेट चुने गए थे|

"

माँ से किया वादा अधूरा रह गयाः जून 1997 में पुणे के खड़कवासला स्थित नेशनल डिफेंस एकेडमी (NDA) के 90वें कोर्स से ग्रेजुएट होने वाले कैप्टन मनोज पांडे को बतौर लेफ्टिनेंट गोरखा राइफल्स की 11वीं बटालियन में कमीशन मिला था| कैप्टन मनोज ने अपनी पर्सनल डायरी में लिखा था, "अगर मेरे फर्ज के रास्ते में मौत भी आती है तो मैं कसम खाता हूं कि मैं मौत को भी हरा दूंगा|" 24 साल की उम्र में कैप्टन मनोज पांडे शहीद हो गए| उन्होंने अपनी मां से वादा किया था कि वो अपने 25वें जन्मदिन पर घर जरूर आएंगे| वो घर तो आए मगर तिरंगे में लिपटकर!

गोरखा रेजिमेंटल सेंटर में प्रशिक्षण के दौरान सैनिकों को बताया जाता है कि आमने सामने की लड़ाई में खुखरी सबसे कारगर हथियार है| उन्हें इससे इंसान की गर्दन काटने की भी ट्रेनिंग दी जाती है| 1997 में जब लेफ्टिनेंट मनोज कुमार पांडे 1/11 गोरखा राइफ़ल के हिस्सा बने तो दशहरे की पूजा के दौरान उनसे अपनी दिलेरी सिद्ध करने के लिए बलि के एक बकरे का सिर काटने के लिए कहा गया|

परमवीर चक्र विजेताओं पर बहुचर्चित किताब 'द ब्रेव' लिखने वाली रचना बिष्ट रावत बताती हैं, "एक क्षण के लिए तो मनोज थोड़ा विचलित हुए, लेकिन फिर उन्होंने फरसे का ज़बरदस्त वार करते हुए बकरे की गर्दन उड़ा दी| उनके चेहरे पर बकरे के ख़ून के छींटे पड़े| बाद में अपने कमरे के एकाँत में उन्होंने कम से कम एक दर्जन बार अपने मुंह को धोया| वो शायद पहली बार जानबूझ कर की गई हत्या के अपराध बोध को दूर करने की कोशिश कर रहे थे| मनोज कुमार पांडे ताउम्र शाकाहारी रहे और उन्होंने शराब को भी कभी हाथ नहीं लगाया|"

डेढ़ साल के दौरान मनोज के भीतर खुखरी से लड़ने की झिझक दूर हो चुकी थी| अब वो हमले की योजना बनाने, और अचानक घात लगा कर दुश्मन पर हमला करने की कला में पारंगत हो चुके थे|

कड़ाके की ठंड में भी बरफ़ से ढके पहाड़ों पर साढ़े चार किलो के 'बैक पैक' के साथ चढ़ने में उन्होंने महारत हासिल कर ली थी| उस 'बैक पैक' में उनका स्लीपिंग बैग, एक अतिरिक्त ऊनी मोज़ा, शेविंग किट और घर से आए ख़त रखे रहते थे| ठंड से बचने के लिए वो ऊनी मोज़ों को दस्ताने

के रूप में इस्तेमाल करते थे|

11 गोरखा राइफ़ल की पहली बटालियन ने सियाचिन में तीन महीने का अपना कार्यकाल पूरा किया था और सभी अफ़सर और जवान पुणे में 'पीस पोस्टिंग' का इंतज़ार कर रहे थे|

बटालियन की एक 'एडवांस पार्टी' पहले ही पुणे पहुंच चुकी थी| सारे सैनिकों ने अपने जाड़ों के कपड़े और हथियार वापस कर दिए थे और ज़्यादातर सैनिकों को छुट्टी पर भेज दिया गया था|

दुनिया के सबसे ऊँचे युद्ध क्षेत्र सियाचिन में लड़ने के लिए घोर संघर्ष करना पड़ता हैं| विरोधी सेना से ज़्यादा ज़ालिम वहाँ की ऊंची बर्फ़ीली चोटियाँ, शून्य डिग्री से नीचे का तापमान और तीर की तरह चलती ठंडी हवा होती है| हड्डियों में खून जम जाता है और हथियार आसानी से काम नहीं करते| ऑक्सीजन का स्तर इतना कम है कि दो कदम चलने पर सांस फूलने लगती है | पूरे साजो सामान और हथियार के साथ बर्फ़ीली चोटियों पर चढ़ना मौत को दावत देने के समान है |ऐसे हालात में जिंदा रहना ही एक लड़ाई से कम नहीं है| ज़ाहिर है सारे सैनिक बुरी तरह से थके हुए थे| क़रीब क़रीब हर सैनिक का 5 किलो वज़न कम हो चुका था| तभी अचानक आदेश आया कि बटालियन के बाकी सैनिक पुणे न जा कर कारगिल में बटालिक की तरफ़ बढ़ेगें, जहाँ पाकिस्तान की भारी घुसपैठ की ख़बर आ रही थी|

03 मई 1999 को "ऑपरेशन विजय" कारगिल युद्ध शुरू हो चुका था |मनोज अपनी बटालियन के साथ इस युद्ध में हिस्सा ले रहे थे| उन्होंने हमेशा आगे बढ़ कर अपने सैनिकों का नेतृत्व किया और दो महीने तक चले ऑपरेशन में कुकरथाँग, जूबरटॉप जैसी कई चोटियों पर दोबारा कब्ज़ा कर लिया| फिर उन्हें खालोबार चोटी पर कब्ज़ा करने का लक्ष्य दिया गया| इस पूरे मिशन का नेतृत्व सौंपा गया कमांडिंग ऑफिसर कर्नल ललित राय को|

खालोबार था सबसे मुश्किल लक्ष्य :उस मिशन को याद करते हुए कर्नल ललित राय बताते हैं, "उस समय हम चारों तरफ़ से घिरे हुए थे| पाकिस्तानी ऊंची चोटी पर घात लगा कर बैठे हुए थे| वो ऊँचाइयों पर थे और हम नीचे थे| ऐसी हालत में अगर ऊपर से कोई पत्थर भी

फेंकता है तो वो नीचे ही आकर गिरता है |उस समय हमें बहुत सख़्त जरूरत थी एक जीत की जिससे हमारे सैनिकों का मनोबल बढ़ सके| खालोबार टॉप सामरिक रूप से बहुत महत्वपूर्ण इलाका था| वो एक तरह का 'कम्यूनिकेशन हब' भी था हमारे विरोधियों के लिए| हमारा मानना था कि अगर वहाँ हमारा कब्ज़ा हो जाता है तो पाकिस्तानियों के दूसरे ठिकाने कठिनाई में पड़ जाएंगे और उनको रसद पहुंचाने और उनके वापस भागने के रास्ते में बाधा आ जाएगी| कहने का मतलब ये कि इससे पूरी लड़ाई का रुख बदल सकता था|"

इस हमले के लिए गोरखा राइफ़ल्स की दो कंपनियों को चुना गया| कर्नल ललित राय खुद एक टुकड़ी का नेतृत्व करते हुए अपनी टोली के साथ चोटियों पर चढ़ रहे थे | अभी वो थोड़ी दूर चढ़े होंगे कि पाकिस्तानियों ने उन पर भारी गोलीबारी शुरू कर दी और सभी सैनिकों को अपनी सुरक्षा के लिए पत्थरों की आड़ लेनी पड़ी|

कर्नल राय याद करते हुए कहते हैं, "करीब 60-70 मशीन गनें हमारे ऊपर बरस रही थीं| तोपों के गोले भी हमारे ऊपर बरस रहे थे| वो लोग रॉकेट लाँचर और ग्रेनेड लाँचर सभी का इस्तेमाल कर रहे थे| मशीन गन की गोलियों की रफ़्तार 2900 फ़ीट प्रति सेकेंड होती है| अगर वो आपके बाज़ू से चली जाए तो आपको लगता है कि किसी ने आपको ज़ोर का धक्का मारा है, क्योंकि उसके साथ एक हवा का झोंका भी आता है|"

खालोबार टॉप :कर्नल राय कहते हैं, "जब हम खालोबार टॉप से क़रीब 600 गज़ नीचे थे, दो इलाकों से बहुत ही मारक और नुकसानदायक फ़ायर हमारे ऊपर आ रहा था| कमांडिंग अफ़सर के रूप में मैं बहुत दुविधा में था| अगर हम आगे बढ़ें तो हो सकता है कि हम सब ख़त्म हो जाएं| तब इतिहास यही कहेगा कि कमांडिंग अफ़सर ने सबको मरवा दिया| अगर हमला न करें तो लोग कहेंगे कि इन्होंने अपना लक्ष्य हासिल करने की कोशिश ही नहीं की| मैंने सोचा कि मुझे दो टुकड़ियाँ बनानी चाहिए जो सुबह होने से पहले वहाँ पहुंच जाएं, वर्ना दिन की रोशनी में हम सब का बचना बहुत मुश्किल होगा| इन हालात में मेरे सबसे नज़दीक जो अफ़सर था वो था कैप्टन मनोज पांडे|"

"मैंने मनोज से कहा कि तुम अपनी प्लाटून को ले जाओ| मुझे ऊपर चार बंकर नज़र आ रहे हैं| तुम उनपर धावा बोलो और उन्हें ख़त्म करो|"कर्नल राय कहते हैं, "इस युवा अफ़सर ने एक सेकेंड के लिए भी कोई झिझक नहीं दिखाई और रात के अँधेरे में कड़कड़ाती ठंड और भयानक 'बंबार्डमेंट' के बीच ऊपर चोटी पर चढ़ गया|"

पानी का एक घूँट बचा कर रखा : रचना बिष्ट रावत बताती हैं, "मनोज ने अपनी राइफ़ल के 'ब्रीचब्लॉक' को अपने ऊनी मोज़े से ढक रखा था ताकि वो गरम रहे और बेइंतहा ठंड में जाम न हो जाए| हाँलाकि उस समय तापमान शून्य से नीचे जा रहा था, लेकिन तब भी सीधी चढ़ाई चढ़ने की वजह से भारतीय सैनिकों के कपड़े पसीने से भीग गए थे|"

बिष्ट कहती हैं, "हर सैनिक के पास 1 लीटर की पानी की बोतल थी| लेकिन आधा रास्ता पार करते करते उनका सारा पानी ख़त्म हो चुका था| वैसे तो चारों तरफ़ बर्फ़ पड़ी हुई थी, लेकिन बारूद की वजह से वो इतनी प्रदूषित हो चुकी थी कि उसे खाया नहीं जा सकता था|"

"मनोज ने अपनी सूखे होठों पर जीभ फिराई| लेकिन उन्होंने अपनी पानी की बोतल को हाथ नहीं लगाया| उसमें सिर्फ़ एक घूंट पानी बचा था| मनोवैज्ञानिक कारणों से वो उस एक बूँद को मिशन के अंत तक बचा कर रखना चाहते थे|"

अकेले तीन बंकर ध्वस्त किए : कर्नल राय आगे बताते हैं, "हमने सोचा था कि वहाँ चार बंकर हैं, लेकिन मनोज ने ऊपर जा कर रिपोर्ट किया कि यहाँ तो छह बंकर हैं| हर बंकर से दो दो मशीन गन हमारे ऊपर फ़ायर बरसा रही थी | दो बंकर जो थोड़े दूर थे, उनको उड़ाने के लिए मनोज ने हवलदार दीवान को भेजा| दीवान ने भी फ़्रंटल चार्ज कर उन बंकरों को बरबाद किया लेकिन उन्हें गोली लगी और वो वीर गति को प्राप्त हो गए|" वो 3 जुलाई 1999 का दिन था| बाकी बंकरों को ठिकाने लगाने के लिए मनोज और उनके साथी ज़मीन पर रेंगते हुए बिल्कुल उनके पास पहुंच गए| बंकर को उड़ाने का एक ही तरीका होता है कि उसके लूप होल में ग्रेनेड डालकर उसमें बैठे लोगों को ख़त्म किया जाए| मनोज ने एक एक कर तीन बंकर ध्वस्त किए| लेकिन जब वो चौथे बंकर में ग्रेनेड फेंकने की कोशिश कर रहे थे तो उनके बांए हिस्से में कुछ गोलियाँ

लगीं और वो लहूलुहान हो गए|

हेलमेट को पार करती हुई माथे के बीचोंबीच चार गोलियाँ: लड़कों ने कहा कि "सर अब एक बंकर ही बाकी रह गया| आप यहाँ बैठ कर देखिए| हम उसे ख़त्म करके आते हैं|" अब देखिए इस बहादुर अफ़सर का साहस और कर्तव्यबोध! उसने कहा, "देखो, कमांडिंग आफ़िसर ने मुझे ये काम सौंपा है| मेरा फ़र्ज़ बनता है कि मैं अटैक को लीड करूँ और कमांडिंग अफ़सर को अपना 'विक्ट्री साइन' भेजूँ|"

कैप्टन मनोज पांडे रेंगते रेंगते चौथे बंकर के बिल्कुल पास पहुँच गए| तब तक उनका बहुत ख़ून बह चुका था| उन्होंने खड़े हो कर ग्रेनेड फेंकने की कोशिश की| तभी पाकिस्तानियों ने उन्हें देख लिया और मशीन गन स्विंग कर चार गोलियाँ उन पर चलाईं| ये गोलियाँ उनके हेलमेट को पार करती हुई माथे को चीरती चली गईं| पाकिस्तानी एयर डिफेंस मशीन गन इस्तेमाल कर रहे थे 14.7 एमएम वाली| वो ज़मीन पर गिर गए|

अब देखिए उस लड़के का जोश| मरते मरते उसने कहा- "ना छोड़नूँ" जिसका मतलब था उनको छोड़ना नहीं| उस समय उनकी उम्र थी 24 साल और 7 दिन| पाकिस्तानी बंकर में उनका ग्रेनेड बस्ट हुआ| कुछ लोग मारे गए, कुछ ने भागने की कोशिश की| हमारे जवानों ने अपनी खुखरी निकाली और पाकिस्तानी सैनिकों को जहन्नुम का रास्ता दिखा दिया| इस तरह हमने सभी बंकरों पर कब्जा कर लिया|"

सिर्फ़ 8 भारतीय जवान ज़िंदा बचे: इस अद्वितीय वीरता के लिए कैप्टन मनोज कुमार पांडे को मरणोपराँत भारत का सबसे बड़ा वीरता सम्मान परमवीर चक्र दिया गया| इस अभियान में कर्नल ललित राय के पैर में भी गोली लगी और उन्हें भी वीर चक्र दिया गया| इस जीत के लिए भारतीय सेना को बहुत बड़ी कीमत चुकानी पड़ी|

कर्नल राय बताते हैं कि वो अपने साथ दो कंपनियों को ले कर ऊपर गए थे जिनकी संख्या 240 के करीब थी | जब उन्होंने खालूबार पर भारतीय झंडा फहराया तो उस समय उनके पास सिर्फ़ 8 जवान बचे थे| बाकी लोग या तो मारे गए थे, या घायल हो गए थे|

उन्होंने बताया कि उस चोटी पर इन सैनिकों को बिना भोजन पानी के तीन दिन बिताने पड़े| जब ये लोग उसी रास्ते से नीचे उतरे तो चारों

तरफ़ सैनिकों की लाशें पड़ी हुई थीं| बहुत से शव बर्फ़ में जम चुके थे| वो उसी स्थान पर थे जहाँ हमने उनको चट्टान की आड़ में छोड़ दिया था| उनकी राइफ़लें अभी तक पाकिस्तानी बंकरों की तरफ़ थी, उनकी उंगली ट्रिगर को दबाए हुई थीं| मैगज़ीन को चेक किया तो उनकी राइफ़ल में एक भी गोली बची नहीं थी| वो जम कर एक तरह से 'आइस ब्लॉक' बन गए थे|

हमारे जवान आख़िरी साँस और आख़िरी गोली तक लड़ते रहे| कर्नल ललित राय बताते हैं, "कैप्टन मनोज कुमार पांडे हमेशा मुस्कराते रहते थे, वो मेरे बहुत ही जोशीले नौजवान अफसर थे | जो भी काम हम उन्हें देते थे, उसे पूरा करने के लिए वो अपनी जान लगा देते थे| हाँलाकि उनका कद छोटा था, लेकिन साहस, जीवट और ईमानदारी और कर्तव्यनिष्ठा की बात की जाए तो वो शायद हमारी फ़ौज के सबसे ऊँचे व्यक्ति थे| मैं इस बहादुर शख़्स को तहे-दिल से अपना सेल्यूट देना चाहता हूँ|"

बाँसुरी बजाने के शौकीन :कैप्टन मनोज कुमार पांडे को बचपन से ही सेना में जाने का शौक था| उन्होंने लखनऊ के सैनिक स्कूल में पढ़ाई करने के बाद एनडीए की परीक्षा पास की थी |उनको अपनी माँ से बहुत प्यार था| जब वो बहुत छोटे थे तो एक बार वो उन्हें अपने साथ मेले में ले गईं| उस मेले में तरह तरह की चीज़ें बिक रही थीं| लेकिन नन्हे मनोज का सबसे अधिक ध्यान आकर्षित किया लकड़ी की एक बाँसुरी ने| उन्होंने अपनी माँ से उसे ख़रीदने की ज़िद की| उनकी माँ की कोशिश थी कि वो कोई और खिलौना ख़रीद लें, क्योंकि उन्हें डर था कि कुछ दिनों बाद वो उसे फेंक देंगे| जब वो नहीं माने तो उन्होंने 2 रुपये दे कर उनके लिए वो बाँसुरी ख़रीद दी| वो बाँसुरी अगले 22 सालों तक मनोज कुमार पांडे के साथ रही| वो हर दिन उसे निकालते और थोड़ी देर बजा कर अपने कपड़ों के पास रख देते|"

लेखिका रचना बिष्ट कहती हैं, "जब वो सैनिक स्कूल गए और बाद में खड़कवासला और देहरादून गए, तब भी वो बाँसुरी उनके साथ थी| मनोज की माँ बताती हैं कि जब वो कारगिल की लड़ाई में जाने से पहले होली की छुट्टी में घर आए थे, तो वो अपनी बाँसुरी अपनी माँ को दे दिया

था|"

छात्रवृत्ति के पैसे से पिता को नई साइकिल भेंट की :मनोज पांडे शुरू से लेकर अंत तक बहुत सरल जीवन जीते रहे| बहुत संपन्न न होने के कारण उन्हें पैदल अपने स्कूल जाना पड़ता था| उनकी माँ एक बहुत मार्मिक किस्सा सुनाती हैं| मनोज ने अखिल भारतीय स्कॉलरशिप टेस्ट पास कर सैनिक स्कूल के लिए क्वालीफ़ाई किया था| दाखिले के बाद उन्हे हॉस्टल में रहना पड़ा| एक बार जब उन्हें कुछ पैसों की ज़रूरत हुई तो उनकी माँ ने कहा कि वज़ीफ़े में मिलने वाले पैसों को इस्तेमाल कर लो| मनोज का जवाब था कि मैं इन पैसों से पापा के लिए एक नई साइकिल ख़रीदना चाहता हूँ, क्योंकि उनकी साइकिल अब पुरानी हो चुकी है| और एक दिन वाकई अपने छात्रवृत्ति के पैसों से मनोज ने अपने पिता के लिए नई साइकिल ख़रीदी|

परमवीर चक्र जीतना चाहता हूँ : मनोज पांडे उत्तर प्रदेश में एनसीसी के सर्वश्रेष्ठ कैडेट घोषित किए गए थे| एनडीए के इंटरव्यू में उनसे पूछा गया था, "आप सेना में क्यों जाना चाहते हैं?" मनोज का जवाब था, "परमवीर चक्र जीतने के लिए|" इंटरव्यू लेने वाले सैनिक अधिकारी एक दूसरे की तरफ़ देख कर मुस्कराए थे| कभी कभी इस तरह कही हुई बातें सच हो जाती है| ना सिर्फ़ मनोज कुमार पांडे एनडीए में चुने गए, बल्कि उन्होंने देश का सबसे बड़ा वीरता सम्मान परमवीर चक्र भी जीता| लेकिन उस पदक को लेने के लिए वो स्वयं मौजूद नहीं थे| ये पदक उनके पिता गोपी चंद पांडे ने 26 जनवरी, 2000 को तत्कालीन राष्ट्रपति के आर नारायणन से ग्रहण किया|

सरकार ने 23 जनवरी को नेताजी सुभाष चंद्र बोस की जयंती मनाने के लिए 2021 में पराक्रम दिवस के रूप में घोषित किया था। उसी परंपरा को आगे बढ़ाते हुए भारत के प्रधानमंत्री श्री नरेंद्र मोदी ने 23 जनवरी 2023 को पराक्रम दिवस के अवसर पर अंडमान और निकोबार के 21 द्वीपों के नाम देश के 21 परमवीर चक्र विजेताओं के नाम करने की घोषणा की| उनमें से एक द्वीप का नामकरण मनोज कुमार पांडे के नाम कर दिया गया|

10

सूबेदार मेजर योगेंद्र यादव, परमवीर चक्र

"सच्चे सैनिक अपनी आखिरी सांस तक लड़ते हैं इसलिए नही कि वे अपने सामने वालों से नफरत करते हैं बल्कि इसलिए कि वे अपने पीछे खड़े लोगों से प्यार करते हैं।"

– भारतीय सेना

योगेंद्र सिंह यादव का जन्म 10 मई 1980 को उत्तर प्रदेश के बुलंदशहर जिले औरंगाबाद अहीर गांव में एक फौजी परिवार में हुआ था। उनके पिता राम करण सिंह यादव ने 1965 और 1971 के भारत-पाकिस्तान युद्धों में भाग लेकर भारतीय सेना की कुमाऊं रेजिमेंट में सेवा की थी। पिता से 1962 भारत चीन युद्ध और 1965 और 1971 के भारत पाकिस्तान युद्ध की कहानियां सुनकर वो बड़े हुए| इनके बड़े भाई जितेंद्र सिंह यादव भी सेना की तोपखाना रेजीमेंट में अपनी सेवाएं दे चुके हैं| इनके छोटे भाई एक बहुराष्ट्रीय कंपनी में कार्यरत है|

बड़े भाई जितेंद्र ने योगेंद्र को सशस्त्र बलों में शामिल होने का सुझाव दिया था । योगेंद्र मन में अपनी मातृभूमि के प्रति अगाध प्रेम और राष्ट्र की सेवा करने का दृढ़ संकल्प लेकर सेना की भर्ती की परीक्षा में बैठने के लिए चले गए जहाँ पहले ही प्रयास में उनका चयन हो गया।योगेंद्र यादव 16 साल और 5 महीने की उम्र में ही भारतीय सेना में शामिल हो गए

थे। योगेंद्र की मां नहीं चाहती थी कि वह सशस्त्र बलों में शामिल हो। वह चाहती थी कि वह आगे भी अपनी पढ़ाई जारी रखे और एक प्रतिष्ठित नौकरी हासिल करे। एक इंटरव्यू में इस बारे में बात करते हुए योगेंद्र ने कहा- "मेरी मां कभी नहीं चाहती थीं कि मैं आर्मी में जाऊं। वास्तव में, मैं भी आगे पढ़ना चाहता था। लेकिन देश की हालत ऐसी है कि पढ़े-लिखे लोगों को भी नौकरी पाने के लिए बड़ी-बड़ी रिश्वत देनी पड़ती है। एक निम्न-मध्यम वर्गीय परिवार से आने के कारण, सेना ही एकमात्र रास्ता था।"

सैन्य जीवन :ग्रेनेडियर योगेंद्र यादव <u>18 ग्रेनेडियर्सइन्फन्ट्री बटालियन</u> के साथ कार्यरत कमांडो प्लाटून 'घातक' का हिस्सा थे, जो 4 जुलाई 1999 के शुरुआती घंटों में टाइगर हिल पर तीन सामरिक बंकरों पर कब्ज़ा करने के लिए नामित की गयी थी। बर्फ से ढके हुए बंकर 17000 फुट ऊंची चोटी के चट्टान पर स्थित थे। उस बर्फीली चोटी पर चढ़कर दुश्मन के बंकर पर रात में हमला करना बहुत ही दुष्कर कार्य था। परंतु दुष्कर कार्य को करना ही एक सैनिक की जिम्मेदारी होती है।

योगेंद्र यादव और उनके साथी रस्सियों के सहारे ऊपर चोटी पर चढ़ रहे थे तभी आधे रस्ते में एक दुश्मन बंकर ने मशीन गन और रॉकेट फायर खोल दी। उस फायरिंग में एक प्लाटून कमांडर और दो अन्य जवान शहीद हो गए। इसी दौरान योगेंद्र यादव के गले और कंधे में तीन गोलियां लग चुकी थी। इसके बावजूद, यादव शेष 60 फीट ऊंचाई पर चढ़ गए और चोटी पर स्थित दुश्मन के बंकर तक पहुँचने में कामयाब हो गए। गंभीर रूप से घायल होने के बावजूद वह पहले बंकर में घुसे और एक ग्रेनेड फेंक दिया। उस हमले में चार पाकिस्तानी सैनिकों के प्राण पखेरू उड़ गए। इस अचानक हमले से दुश्मन के सैनिक स्तब्ध रह गए, जिससे बाकी प्लाटून को चट्टान पर चढ़ने का मौका मिल गया।

उसके बाद यादव ने अपने दो साथी सैनिकों के साथ दूसरे बंकर पर हमला किया और गुत्थम गुत्था की लड़ाई में चार पाकिस्तानी सैनिकों को मौत के घाट उतार दिया । अंततः उनकी वीरता और साहस से उनकी प्लाटून टाइगर हिल पर काबिज करने में सफल रही।

उन्होंने एक साक्षात्कार में अपनी आपबीती बताते हुए कहा था,

मेरी शादी को केवल 15 दिन हुए थे जब मुझे "ऑपरेशन विजय" में हिस्सा लेने के लिए कारगिल की ऊंची चोटियों को फतेह करने के लिए भेजा गया था।

यह 4-5 जुलाई 1999 की रात थी | मेरे सभी साथी शहीद हो गए थे, पाकिस्तानियों को लगा कि मैं भी मर चुका हूं, उन्होंने मेरे पैरों पर गोली मारी, फिर सीने पर मारी, मैं मरे होने की एक्टिंग करते हुए लेटा रहा | जेब में सिक्के रखे थे उनसे गोली टकरा गई और उसने मुझे बचा लिया|"

उस वक्त मेरी महज 19 साल की उम्र और ढाई साल की सर्विस तजुर्बा था। न उम्र का तजुर्बा न सर्विस का ज्यादा अनुभव। परंतु सामने 17 हजार फीट ऊंची टाइगर हिल पर तिरंगा फहराने का लक्ष्य था।

इस पर कब्जे के लिए मेरी बटालियन 18 ग्रेनेडियर को जिम्मेदारी दी गई। जिसकी कमान कर्नल खुशहाल सिंह को सौंपी गई। हम 21 जवान थे। 2 जुलाई की रात हमने चढ़ना शुरू किया। हम रात में चढ़ते थे और पूरे दिन पत्थरों में छुपे रहते थे। क्योंकि दिन में दुश्मन हमें आसानी से देख सकते थे और हम पर अटैक कर सकते थे। जब हमने चढ़ना शुरू किया तो एक के बाद एक ऊंची चोटी दिखती जा रही थी। कई बार हमें लगता था कि यही टाइगर हिल है, लेकिन तभी उससे बड़ी चोटी दिखाई पड़ती थी। इस तरह हम भूखे-प्यासे रस्सियों के सहारे एक दूसरे का हाथ पकड़कर आगे बढ़ रहे थे।

जब पाकिस्तान की आर्मी को इसकी भनक लगी कि इंडियन आर्मी ऊपर चढ़ गई है तो उन्होंने दोनों तरफ से फायर खोल दिए। जमकर फायरिंग की। इसी बीच हम सात बंदे ऊपर चढ़ गए। बाकी के जवान नीचे रह गए। फायरिंग इतनी जबरदस्त हो रही थी कि जो ऊपर थे वे ऊपर रह गए और जो नीचे थे वे नीचे ही रह गए।

4 जुलाई की रात जब हम कुछ और ऊपर पहुंचे तो सामने दुश्मन के दो बंकर थे। हम सातों जवानों ने एक साथ फायर खोल दिया। इस फायरिंग में पाकिस्तान के 4 जवान मारे गए। इसके बाद हम आगे बढ़े तो वहां से टाइगर हिल 50-60 मीटर की दूरी पर था। पाकिस्तान की फौज ने देख लिया कि इंडियन आर्मी यहां तक आ गई है। उसके बाद उन्होंने फायरिंग और गोलाबारी शुरू कर दी। फायरिंग ऐसी थी कि वहां

से एक कदम आगे बढ़ने पर भी मौत थी और पीछे हटने पर भी हमारी जान जाती। मरना निश्चित था।

योगेंद्र कहते हैं कि भारत मां के किसी भी सपूत ने पीठ में गोली नहीं खाई है। रक्त का एक कतरा भी बचता है तो वह पीछे नहीं मुड़ता है। हमने सोच रखा था कि मरना ही तो है। लेकिन उसके पहले दुश्मन को मारकर मरेंगे। जितना नुकसान पंहुचा सकते हैं पहुंचाएंगे।

तब हमारे कमांडर थे हवलदार मदन, उन्होंने बोला कि दौड़कर इन बंकरों में घुस जाओ। हमने बोला सर बारूदी सुरंगे लगा रखी होगी तो उन्होंने बोला कि पहले बारूदी सुरंगों से मर जाओ। हमारी फौज के अंदर अनुशासन है, जो आर्डर मिल गया उसे मानना ही था।

5 जुलाई की सुबह हम उनके मोर्चे में घुस गए। वहां पांच घंटे हमने लगातार लड़ाई लड़ी। दोनों तरफ से जमकर फायरिंग हुई। धीरे- धीरे हमारे एम्यूनेशन खत्म हो रहे थे। हमारे बाकी जवान करीब 25-30 फीट नीचे थे। हमने उनसे कहा कि ऊपर नहीं चढ़ सकते तो एम्यूनेशन तो फेंको। उन्होंने रुमाल में बांधकर एम्यूनेशन फेंके। हम इतने मजबूर थे कि एक कदम आगे पड़े एम्यूनेशन को उठा नहीं सकते थे। क्योंकि ऊपर से दुश्मन देख रहे थे।

जब हमारे पास एम्यूनेशन खत्म होने लगे तो हमने प्लान किया कि अब हम फायर नहीं करेंगे और पत्थरों में छुप गए। उधर से दुश्मन लगातार फायर कर रहे थे। करीब आधे घंटे बाद पाकिस्तान के 10-12 जवान ये जानने के लिए बाहर निकले कि हिंदुस्तान के सैनिक कितने हैं, सभी मारे गए या कुछ बचे हैं।

हमने पहले से प्लान और आपस में तालमेल बनाया हुआ था। वे जैसे ही बाहर निकले हमने एक साथ अटैक कर दिया। एक दो को छोड़कर बाकी सभी दुश्मन मारे गए। हमने वहां पाकिस्तान फौज के पड़े हुए एम्यूनेशन को उठा लिया । अब हमारे पास एम्यूनेशन भी थे और हथियार भी। पाकिस्तान के जो जवान बच गए उन्होंने जाकर अपनी टीम को खबर कर दी। इसके बाद आधे घंटे के अंदर पाकिस्तान के 30-35 जवानों ने हमपर अटैक कर दिया। फायरिंग इतनी जबरदस्त थी कि करीब 20 मिनट तक हमें सिर उठाने नहीं दिया। उनके पास जितने

हैवी हथियार थे, सबका इस्तेमाल किया।

इसके बाद हमने फिर से अपनी फायरिंग रोक दी और उनके नजदीक पहुंचने का इंतजार करने लगे। हम नहीं चाहते थे कि उन्हें हमारी लोकेशन पता चले। इसी बीच उन्हें हमारे लाइट मशीन गन की लाइट दिख गई। उन्होंने ऊपर से उसपर आरपीजी (ग्रेनेड) दाग दिया। हमारी एलएमजी डैमेज हो गई। इसके बाद वे ऊपर से पत्थरों से हमला करने लगे। गोले फेंकने लगे। इसमें हमारे साथी जवान घायल हो गए, किसी का पैर कट गया तो किसी की उंगली कट गई। जवानों से कहा गया कि अब फायर तो कर नहीं सकते तो नीचे चले जाओ लेकिन, उन्होंने नीचे जाने से इंकार कर दिया। यही भारतीय फौज की खासियत है, वह कभी पीछे नहीं मुड़ती।

उधर पाकिस्तान के जवान लगातार फायरिंग कर रहे थे, ग्रेनेड फेंक रहे थे। वे बेहद करीब आ गए और हमें चारों तरफ से घेरकर अटैक कर दिया। पल भर में सबकुछ खत्म हो गया, हमारे सभी साथी शहीद हो गए। उनकी नजर में तो मैं भी मर चुका था। लेकिन मैं जिंदा था, बेहोश पड़ा था। उनके कमांडर ने कहा कि "जरा चेक करो इनमें से कोई जिंदा तो नहीं है।" वे आकर एक -एक को गोलियां मारने लगे। उन्होंने मुझे भी पैर और हाथ में गोली मारी, लेकिन मैंने आह तक नहीं किया, चुपचाप दर्द सहता रहा।

मुझे यह विश्वास था कि अगर मेरे सीने में गोली नहीं मारी तो मैं मरूंगा नहीं। मैं चाहता था कि कैसे भी करके अपने साथियों को इसकी जानकारी दे दूं कि ये लोग हमारे नीचे की पोस्ट पर अटैक करने वाले हैं। कुछ देर बाद उनका एक जवान हमारे हथियार उठाने आया। उसने मेरे सीने की तरफ बंदूक तान दी, तब तो मुझे लगा कि अब मैं बचूंगा नहीं। लेकिन भारत मां की कृपा थी कि उसकी गोली आकर मेरी पॉकेट पर लगी जिसमें मैंने कुछ सिक्के रखे थे, शायद उससे मैं बच गया।

जब वो जवान आगे बढ़ा तो मैंने हिम्मत करके अपने पॉकेट से एक ग्रेनेड निकाला और उस जवान के ऊपर फेंक दिया। उस धमाके के बाद पाकिस्तान के जवान पूरी तरह हिल गए। इसके बाद मैंने दो तीन जगह से फायरिंग करना शुरू कर दिया। उन्हें लगा कि शायद सपोर्ट के लिए

भारत की फौज आ गई है। और वे भाग खड़े हुए।

उसके बाद मैं अपने साथियों के पास गया। कोई भी जिंदा नहीं बचा था। बहुत देर तक रोया। हाथ में गोली लगने से हड्डियां टूट गई थीं, असहनीय दर्द हो रहा था। मन कर रहा था कि हाथ को तोड़कर फेंक दूं। तोड़ने की कोशिश भी की लेकिन हाथ नहीं टूटा। फिर पीछे बेल्ट से हाथ को फंसा लिया। ढाई साल की नौकरी और 19 साल की उम्र। न तो उम्र का कोई तजुर्बा था न सर्विस का ज्यादा अनुभव। चारों तरफ बर्फ ही बर्फ थी। यह भी नहीं पता था कि भारत किधर है और पाकिस्तान किधर है।

मुझे 17 गोलियां लगी थी | मैं फिर भी एक नाले से लुढ़कते हुए नीचे पहुंचा। वहां से मेरे साथी आए और मुझे उठाकर ले गए। किसी को उम्मीद नहीं थी कि ये जिंदा रहेगा। उसके बाद मुझे मेरे कमांडिंग ऑफिसर कर्नल खुशहाल सिंह ठाकुर के पास ले जाया गया। मैंने उन्हें ऊपर के हालात के बारे में जानकारी दी। उसके बाद मुझे पता नहीं चला मैं कहां हूं। जब होश आया तो पता चला कि श्रीनगर आर्मी अस्पताल में हूं और वही मुझे जानकारी मिली कि हमारी टीम ने टाइगर हिल पर तिरंगा फहरा दिया है।

परमवीर चक्र : "जब 14 अगस्त को घोषणा हुई तो टीवी से मुझे पता चला कि मरणोपरांत 18 ग्रेनेडियर यूनिट के जवान योगेंद्र सिंह यादव को परमवीर चक्र मिला है| मेरे लिए यह गर्व की बात थी कि मेरे यूनिट के एक जवान को यह सम्मान मिलने वाला है। दरसल मेरी यूनिट में मेरे ही नाम का एक और जवान था। ग्रेनेडियर योगेंद्र सिंह यादव के लिए परमवीर चक्र की घोषणा मरणोपरांत की गई थी पर मैं तो जिंदा था! बटालियन में भ्रम की स्थिति हो गई क्योंकि मेरी ही यूनिट में मेरे नाम के एक और सैनिक योगेंद्र सिंह यादव टाइगर हिल फतेह के दौरान शहीद हुए थे जो मेरे ही पड़ोसी जिले मेरठ के थे और मेरे बहुत घनिष्ठ मित्र थे| फिर मुझे बताया गया कि सुबह सेना प्रमुख मुझसे मिलने वाले हैं, मुझे पता नहीं था कि वो क्यों मिलने आ रहे हैं। लेकिन जल्द ही पता चला कि मेरठ के शहीद योगेंद्र सिंह यादव को "सेना मेडल" मिला है जबकि मुझे जीवनकाल में ही "परमवीर चक्र" मिला है| तत्कालीन सेनाध्यक्ष जनरल वेद प्रकाश मलिक हॉस्पीटल पहुंचे और मुझे बहादुरी के लिए देश

के सबसे बड़े सैन्य पुरस्कार परमवीर चक्र मिलने की बधाई दी।"

सूबेदार मेजर योगेंद्र यादव को 15 अगस्त को 2000 को सेना के सर्वोच्च वीरता सम्मान परमवीर चक्र से नवाजा गया। वे सबसे कम उम्र में यह सम्मान पाने वाले सैनिक हैं।

यश भारती सम्मान : जान की बाजी लगाकर दुश्मन की 17 गोलियां झेलकर भी अदम्य साहस का परिचय देते हुए कारगिल युद्ध में सामरिक टाइगर हिल चोटी फतह करने में अनुकरणीय भूमिका के लिए योगेंद्र यादव को भारत के राष्ट्रपति द्वारा परमवीर चक्र का सम्मान दिया गया। उन्हे टाइगर हिल का टाइगर कहा जाता है। वह "कौन बनेगा करोड़पति?" शो में अमिताभ बच्चन के विशेष आमंत्रण पर अपने साथी परमवीर चक्र विजेता सूबेदार संजय कुमार के साथ शामिल हुए और जीती गई पूरी धनराशि आर्मी वेलफेयर फण्ड में दान कर दिया। देश सेवा के लिए वर्ष 2014 में इनको उत्तर प्रदेश सरकार द्वारा प्रदेश के सर्वोच्च पुरस्कार यश भारतीसम्मान से सम्मानित किया गया।

प्रेरणादायी स्पीकर : सन 2003 में बनी बॉलीवुड की फ़ीचर फ़िल्म एल ओ सी कारगिल में योगेंद्र सिंह यादव का किरदार अभिनेता मनोज बाजपेयी ने निभाया था।

योगेंद्र यादव देश के यूथ आइकॉन हैं, वे अक्सर स्कूल-कॉलेज में जाकर युवाओं को मोटिवेट करने का काम करते हैं।योगेंद्र यादव कहते हैं कि यह सम्मान पूरे देश का है। हमारी ताकत 130 करोड़ भारतीय है। सम्मान मिलने के बाद मेरी एक पहचान जरूर बनी लेकिन मेरे लिए तो यह मेरा दायित्व है, मेरी इयूटी है। योगेंद्र यादव पूरे देश के लिए हीरो हैं, आइकॉन हैं। उन्हें कई सम्मान मिल चुके हैं।

योगेंद्र यादव बताते हैं कि वे अक्सर युवाओं को मोटिवेट करने के लिए देश के बड़े बड़े संस्थानों में जाते रहते हैं। वो आईआईटी दिल्ली, कानपुर, आईआईटी बॉम्बे, आईआईएम इंदौर और आईआईएम अहमदाबाद बतौर मोटिवेशनल स्पीकर जा चुके हैं, इसके साथ ही वे देशभर के 500 स्कूलों में स्पीच दे चुके हैं। युवाओं के लिए काम करने वाले कई एनजीओ से भी वे जुड़े हैं। उनके दो बेटे हैं जो अभी पढ़ाई कर रहे हैं। भारत सरकार ने उनकी अदम्य वीरता और साहस के प्रदर्शन

को देखते हुए उन्हे परमवीर चक्र से सम्मानित किया| यह कहानी लिखे जाने तक भारत में परमवीर चक्र पुरस्कार से सम्मानित केवल तीन ही प्राप्तकर्ता जीवित सैनिक हैं जिसमें बाना सिंह, संजय कुमार और योगेंद्र सिंह यादव शामिल हैं। भारत के प्रधान मंत्री श्री नरेंद्र मोदी ने जनवरी 2023 में अंडमान और निकोबार द्वीप समूहों के नाम भारत के 21 परमवीर चक्र विजेताओं के नाम पर रखने की घोषणा की जिनमें एक द्वीप का नाम सूबेदार मेजर योगेंद्र सिंह यादव के नाम पर रखा गया है|

11

कैप्टन विक्रम बत्रा,परमवीर चक्र

"मैं तिरंगा फहराकर वापस आऊंगा या फिर तिरंगे में लिपटकर आऊंगा, लेकिन मैं वापस अवश्य आऊंगा।"

– कैप्टन विक्रम बत्रा,परम वीर चक्र

भारत और भारतीय सेना के इतिहास मे कारगिल युध्द मे भारत को मिली शानदार जीत और हमारी सेना के अद्भुत शौर्य को हर भारतीय गौरव के साथ याद करता है। पर इस जीत मे जिन सभी साहसी युध्द नायको का योगदान रहा, उसमे से एक 'कैप्टन विक्रम बत्रा' का जीवन सफर हमारे आजके युवाओं के लिए प्रेरणादायी है।

कैप्टन विक्रम बत्रा भारतीय सेना के एक अधिकारी थे जो मात्र 24 साल की उम्र में पाकिस्तान के खिलाफ लड़ाई करते हुए कारगिल के युद्ध में वीरगति को प्राप्त हुए। उनके साहस और उनके सम्मान को भारत हमेशा याद रखेगा| उन्होंने पाकिस्तानी सेना के छक्के छुड़ा दिए थे और भारत को कारगिल की लड़ाई में एक ऐतहासिक जीत दिलाई थी।

कैप्टन विक्रम बत्रा को उनके साहस की वजह से शेर शाह, कारगिल का शेर जैसे नामो से भी जाना जाता है। भारत सरकार ने उनकी वीरता के लिए उनके मरणोपरांत उनको भारत के सर्वोच्च और सबसे प्रतिष्ठित वीरता पुरस्कार परमवीर चक्र से सम्मानित किया।

कैप्टन विक्रम बत्रा का जन्म एवं शुरूआती जीवन: विक्रम बत्रा का जन्म 9 सितंबर,1974 को पिता गिरधारी लाल बत्रा एवं माँ कमल कांता बत्रा के यहां हिमाचल प्रदेश के पालमपुर गांव में हुआ था।विक्रम के पिता गिरधारी लाल बत्रा एक सरकारी स्कूल में हेडमास्टर थे और उनकी माँ कमल कांता बत्रा भी एक स्कूल में अध्यापक थी। विक्रम का एक जुड़वाँ भाई भी है जिसका नाम विशाल है और इनकी दो बहने भी है – सीमा एवं नूतन। विक्रम की माँ आध्यात्मिक हैं इसीलिए उन्होंने विक्रम के बचपन का नाम लव एवं उनके जुड़वे भाई का नाम कुश रखा था।

कैप्टन विक्रम बत्रा की शिक्षा : विक्रम बत्रा ने अपनी शुरुवाती पढ़ाई हिमाचल प्रदेश के पालमपुर में स्थित डी.ए.वी. पब्लिक स्कूल से की उसके बाद उन्होंने पालमपुर में ही स्थित केंद्रीय विद्यालय में दाखिला ले लिया जहां पर उन्होंने कक्षा आठवीं से कक्षा बारहवीं तक की पढ़ाई की।

केंद्रीय विद्यालय में पढ़ाई के दौरान वह टेबल टेनिस खेला करते थे जिसमे उन्हें पढ़ाई से ज्यादा महारत हासिल थी। विक्रम का केंद्रीय विद्यालय आर्मी क्षेत्र में होने के कारण वे प्रतिदिन आर्मी की ट्रेनिंग,अनुशासन देखा करते थे जिसकी वजह से उन्हे आर्मी में जाने की प्रेरणा मिली। बारहवीं कक्षा तक की पढ़ाई पूरी करने के बाद विक्रम ने चंडीगढ़ के डीएवी कॉलेज में विज्ञान विषय में स्नातक में दाखिला ले लिया।

साल 1995 में चंडीगढ़ के डीएवी कॉलेज में विज्ञान विषय में स्नातक की शिक्षा पूरी करने के बाद विक्रम ने अंग्रेजी में एमए करने के लिए पंजाब विश्वविद्यालय, चंडीगढ़ में दाखिला लिया जहाँ पर वे कंबाइंड डिफेंस सर्विसेज (CDS) की भी तैयारी करने लगे।

कैप्टन विक्रम बत्रा की सेना भर्ती के लिए तैयारी : जब विक्रम बत्रा ने डीएवी कॉलेज में दाखिला लिया था तभी से उन्होंने भारतीय सेना में भर्ती होने का मन बना लिया और अपने पिता को अपने इस निर्णय के बारे में भी बता दिया था की वो सेना में भर्ती होना चाहते है। डीएवी कॉलेज में पढ़ाई के दौरान वे एनसीसी के एयर विंग में शामिल हो गए ।उन्होंने एनसीसी के एयर विंग को ज्वाइन करके पिंजौर एयरफील्ड और

फ्लाइंग क्लब में 40 दिन की ट्रेनिंग हासिल की।विक्रम को एनसीसी का 'C' सर्टिफिकेट मिला और NCC में विक्रम बत्रा को "कैप्टन" का रैंक दिया गया था| विक्रम एनसीसी के सबसे बढ़िया कैडेट चुने गए थे जिसकी बदौलत उनको साल 1994 में 26 जनवरी की एनसीसी कैडेट के रूप में परेड में शामिल होने मौका मिला था। साल 1994 में विक्रम को हांगकांग में मर्चेन्ट नेवी की नौकरी का प्रस्ताव मिला था लेकिन वो भारतीय थल सेना में जाना चाहते थे इसीलिए उन्होंने इस नौकरी को ठुकरा दिया।

साल 1995 में चंडीगढ़ के पंजाब विश्वविद्यालय में अपनी पढ़ाई के दौरान विक्रम दिन में एक ट्रैवल एजेंसी में काम किया करते थे और रात के समय कंबाइंड डिफेंस सर्विसेज (CDS) की तैयारी किया करते थे। साल 1996 में विक्रम CDS परीक्षा में पास हो गए और इलाहाबाद में स्थित सेवा चयन बोर्ड (SSB) के द्वारा उनको चुना गया| विक्रम को भारतीय सैन्य अकादमी (IMA) में भर्ती होने का मौका मिला जिसके लिए उन्होंने चंडीगढ़ के पंजाब विश्वविद्यालय की पढ़ाई बीच में ही छोड़ दी।

सैनिक जीवन : साल 1996 विक्रम बत्रा ने मानेकशॉ बटालियन (IMA) में दाखिला ले लिया। साल 1997 में विक्रम ने मानेकशॉ बटालियन (IMA) से अपनी ट्रेनिंग को पूरा किया और उसके बाद उन्होंने IMA से ग्रेजुएशन पूरा किया।विक्रम की ट्रेनिंग पूरी होने के बाद उनको 13वीं बटालियन, जम्मू और कश्मीर राइफल्स में लेफ्टिनेंट के पद पर कमीशन मिला|

विक्रम बत्रा को 6 दिसम्बर 1997 को जम्मू और कश्मीर में स्थित सोपोर में बतौर लेफ्टिनेंट नियुक्त किया गया।भारतीय सेना में नियुक्त होने के बाद विक्रम बत्रा ने साल 1998 -1999 में इन्फन्ट्री स्कूल मऊ में यंग ऑफिसर्स कोर्स किया। कोर्स पूरा होने के बाद विक्रम बत्रा को अल्फा ग्रेडिंग से सम्मानित किया उसके बाद उन्हें वापस जम्मू और कश्मीर में वापस अपनी पोस्टिंग पर भेज दिया।साल 1999 में उन्होंने इन्फन्ट्री स्कूल बेलगाम ,कर्नाटिक में दो महीने की कमांडो का प्रशिक्षण लिया । प्रशिक्षण पूरा करने के बाद विक्रम को सर्वोच्च ग्रेडिंग – Instructor's

Grade से सम्मानित किया गया।

कैप्टन विक्रम बत्रा की मंगेतरः कैप्टन विक्रम बत्रा साल 1999 में कारगिल युद्द शुरू होने के पहले अपने घर होली का त्यौहार मनाने छुट्टियों पर गए थे तब वे अपनी मंगेतर डिंपल चीमा से अपने सबसे पसंदीदा कैफ़े में मिले थे। विक्रम से मुलाकात के दौरान उनकी मंगेतर डिंपल चीमा ने विक्रम को कारगिल में सावधानी बरतने के लिए कहा तो उसके जबाब में विक्रम बत्रा ने कहा,

"या तो मैं अपने तिरंगे को लहराता हुआ घर आऊंगा या मेरी लाश तिरंगे में लिपटी हुई घर आएगी लेकिन मैं घर जरूर वापस आऊंगा|"

इन दोनो का प्यार इतना सच्चा और अटूट था कि साल 1999 में हुए कारगिल युद्ध के दौरान कैप्टन विक्रम बत्रा वीरगति को प्राप्त हुए थे, तभी डिम्पल ने कभी भी शादी ना करने का फैसला कर लिया था। डिम्पल चीमा अभी भी अविवाहित हैं और वो एक स्कूल मे अध्यापिका हैं।

विक्रम बत्रा के माता-पिता ने डिम्पल को शादी करने के लिए बहुत बार समझाया पर उसका यही जवाब रहा कि "मेरे लिए विक्रम की यादें ही सब कुछ है, उन्ही यादों के सहारे मैं अपना जीवन व्यतीत करना चाहती हूँ|"

कारगिल युद्ध में योगदान :काश्मीर के सोपोर मे लगभग 18 महीने के सेवाकाल के पश्चात विक्रम बत्रा को कारगिल युद्ध मे शामिल होकर देश की सेवा करने का मौका मिला, जिसमे उनके अद्भुत शौर्य, साहस और वीरता का परिचय समूचे विश्व को देखने को मिला।

कारगिल का युद्ध जिन विषम परिस्थितीयो मे लड़ा जा रहा था उसमे ये अनुमान लगाना मुश्किल था कि कश्मीर की ऊंची चोटियों पर दुश्मन कहाँ छुपके बैठा है, उसकी संख्या कितनी है तथा उसके पास मौजूद शस्त्र और गोला बारूद कितनी मात्रा में है।सिर्फ इतनी जानकारी थी कि भारत की बहुत सी चौकियो पर <u>पाकिस्तानी</u> सेना और उसके समर्थित अतांकियो ने कब्जा जमाया हुआ है, जहाँ से उन्हें खदेड़ना भारतीय सेना के लिए एक कड़ी चुनौती थी |पाकिस्तानी सेना समर्थित घुसपैठियों और पाकिस्तानी सेना को भारतीय चौकियो से खदेड़ने की

जिम्मेदारी कैप्टन विक्रम बत्रा की रेजिमेंट 13 जम्मू एण्ड कश्मीर राइफल को सौंपी गई|

पाकिस्तानी सेना ने द्रास सेक्टर में ऑटोमैटिक हथियारों के साथ भारतीय क्षेत्र में कब्ज़ा किया हुआ था। द्रास सेक्टर ,लद्दाख जिले में 5140 चोटी पर बसा हुआ एक हिल स्टेशन है| डेल्टा कंपनी कमांडर कैप्टन विक्रम बत्रा को पॉइंट 5140 पर "ऑपरेशन विजय" के दौरान हमला करने के लिए एक बड़ी जिम्मेदारी सौंपी गई । कैप्टन विक्रम बत्रा और उनकी टुकड़ी ने बहुत ही साहस के साथ चार आतंकवादियों को मार गिराया और 20 जून 1999 को सुबह तीन बजकर 30 मिनट पर अपनी टुकड़ी के साथ 5140 चोटी पर कब्ज़ा कर लिया |

चोटी पर विजय प्राप्त करने के बाद उन्होंने रेडिओ के जरिये अपनी जीत को लेकर अपना प्रसिद्द डायलॉग रेडिओ पर कहा "यह दिल मांगे मोर|" अपने प्रसिद्ध डायलॉग की वजह से वो भारतीय सेना के साथ साथ पूरे भारत के लोगो के दिलो में छा गए। इस "ऑपरेशन विजय" के दौरान विक्रम को एक कोड नेम दिया गया था| उनका कोड नेम था "शेरशाह"| विक्रम को यह कोड नेम उनके कमांडिंग ऑफिसर लेफ्टीनेंट कर्नल वाई.के. जोशी द्वारा दिया गया था।उनके द्वारा प्राप्त की गयी जीत से भारत के लोग एवं भारतीय सेना इतनी खुश हुई की उनको 'कारगिल का शेर' का नाम दे दिया। जीत के अगले दिन विक्रम ने 5140 चोटी पर भारतीय तिरंगे के साथ अपनी फोटो खिचवाई जो अख़बार में प्रकाशित हुई थी।

इस जीत के बाद कैप्टन विक्रम बत्रा और उनकी टुकड़ी को अब 4875 वाली संकरी चोटी पर विजय अभियान पर भेजा गया। पहाड़ की इस चोटी पर एकदम सीधी चढ़ाई थी और चोटी के एकमात्र रास्ते को पाकिस्तानी सेना ने अपने कब्जे में ले रखा था।

इतनी मुश्किलों के बावजूद कैप्टन विक्रम बत्रा और उनकी टुकड़ी ने एक बेहद ही संकीर्ण पठार के पास दुश्मनो पर आक्रमण करने का प्लान बनाया और इस प्लान के तहत आमने सामने की लड़ाई में विक्रम बत्रा ने पाकिस्तानी सेना के पांच सैनिकों को पॉइंट ब्लैक रेंज में मार गिराया।

4875 वाली संकरी चोटी वाले अभियान के दौरान पाकिस्तानी सेना से आमने सामने की लड़ाई में उनको कई गंभीर चोटें आईं । गंभीर घाव की वजह से उनका चलना मुश्किल हो गया था लेकिन उन्होंने रेंगते हुए गए और दुश्मनो के ऊपर ग्रेनेड फेंक कर उनका सफाया कर दिया ।

अपनी जान की परवाह किये बगैर विक्रम और उनकी टुकड़ी ने दुश्मनो पर आक्रमण जारी रखा और एक एक करके सारे दुश्मनो को मारते हुए आगे बढ़ते गए। इस लड़ाई में उनके एक साथी को गोली लग गई थी जिसको बचाने के लिए जैसे ही सीधे खड़े हुए दुश्मनो की नजरो में आ गये। एक दुश्मन स्नाइपर द्वारा उनकी छाती में बहुत करीब से गोली मार दी गई और थोड़ी देर बाद दूसरी गोली उनके सर में लगी और गोली लगते ही विक्रम अपने उस घायल साथी के बगल में गिर गए और दम तोड़ दिया और इस तरह वे वीरगति को प्राप्त हुए।उनकी मौत के बाद उनके साथी बदला लेने की भावना से दुश्मनो पर टूट पड़े और 4875 वाली संकरी चोटी को अपने कब्जे में ले लिया।

कैप्टन विक्रम बत्रा बनी फिल्म:2013 में कारगिल युद्द के ऊपर आधारित एक फिल्म ”LOC कारगिल” बनी थी जिसमे कैप्टन विक्रम बत्रा का किरदार अभिनेता अभिषेक बच्चन ने निभाया था। 2021 में बनी फिल्म शेरशाह में, सिद्धार्थ मल्होत्रा ने एक बायोपिक में कैप्टन विक्रम बत्रा की भूमिका निभाई।

सम्मान: पॉइंट 4785 पर विक्रम बत्रा और उनकी टीम के द्वारा विजय प्राप्त करने के बाद विक्रम बत्रा को सम्मान देने के लिए इस पहाड़ को बत्रा टॉप के नाम से जाना जाने लगा ।उनकी वीरता की याद में जबलपुर की एक छावनी को विक्रम बत्रा एंक्लेव कहा जाता है ।विक्रम बत्रा के सम्मान में इलाहाबाद के एक हॉल का नाम विक्रम बत्रा ब्लॉक रख दिया गया।भारतीय सैन्य अकादमी(IMA) देहरादून, मेस का नाम उनके सम्मान में विक्रम बत्रा मेस रख दिया गया। चंडीगढ़ के डीएवी कॉलेज जहां विक्रम बत्रा ने अपनी शिक्षा हासिल की थी वहां पर विक्रम बत्रा एवं युद्ध के दिग्गजों के लिए एक इमारत बनाई गई है।विक्रम बत्रा के सम्मान में साल 2019 में दिल्ली के मकबरा चौक और उसके फ्लाईओवर को शहीद कैप्टन विक्रम बत्रा का नाम दिया गया ।

पुरस्कार एवं उपलब्धियां: 7 जुलाई 1999 को कैप्टन विक्रम बत्रा के मरणोपरांत भारत सरकार ने उनकी वीरता एवं साहस का सम्मान करते हुए उन्हें भारत के सर्वोच्च और सबसे प्रतिष्ठित वीरता पुरस्कार परमवीर चक्र से सम्मानित किया।

मात्र 24 वर्ष की आयु मे भारत माता के वीर सपूत कैप्टन विक्रम बत्रा ने अपने जीवन का सर्वोच्च बलिदान कर दिया। हमे गर्व है कैप्टन विक्रम बत्रा पर और भारत के उन सभी वीर जवानो पर जिन्होंने मातृभूमी की रक्षा में अपना प्राणोत्सर्ग कर दिया।

12

ब्रिगेडियर कुलदीप सिंह चांदपुरी, महावीर चक्र

"अगर आप एक बड़ा खेल खेल रहे हैं तो बड़ी चुनौतियों का आपके मैदान में आना तय है।"

ब्रिगेडियर कुलदीप सिंह चांदपुरी भारत-पाक युद्ध के ऐसे नायक हैं जिन्होंने अपनी सूझबूझ और अदम्य साहस से इतिहास लिखा। इस युद्ध के दौरान 120 भारतीय जवानों ने पाकिस्तान के तीन हजार सैनिकों को चांदीपुर ने धूल चटा दी थी।

साल 1971 के भारत-पाकिस्तान युद्ध के दौरान राजस्थान के लोंगेवाला पोस्ट से कुछ दूर धूल का एक गुबार आसमान की तरफ बढ़ रहा था। चेक पोस्ट पर तैनात भारतीय सेना के जवानों को जानकारी हो गई थी कि पाकिस्तान की सेना ने हमला बोल दिया है। धूल का गुबार साफ हुआ तो टैंकों की गड़गड़ाहट को सुन भारतीय सेना के जवानों ने पोजीशन ले ली। इस पोस्ट की कमांड मेजर कुलदीप सिंह चांदपुरी के

हाथों में थी| आइए जानते हैं मेजर कुलदीप सिंह चाँदीपुरी की साहसिक कहानी|

लोंगेवाला चेक पोस्ट भारत की एक महत्वपूर्ण सुरक्षा चेकपोस्ट है| लेकिन जिस समय पाकिस्तान ने हमला बोला उस समय इस चेकपोस्ट पर भारतीय सेना के महज 120 ही जवान तैनात थे| इस चेकपोस्ट पर पंजाब रेजिमेंट के जवान थे जिसमें अधिकतर सिख और डोगरा जवान थे| 1971 के भारत- पाक युद्ध के दौरन पाकिस्तान ने चेकपोस्ट पर कब्जा कर भारतीय सीमा के भीतर घुसने की योजना बना ली थी| इसीलिए उसने अपनी पूरी टैंकों की रेजिमेंट को इस चेकपोस्ट को तबाह कर कब्जा करने के लिए भेजा था|

लेकिन पाकिस्तान शायद इस बात को नहीं जानता था कि जंग हथियारों से नहीं हौंसलों से लड़ी जाती है| इस जंग में भारत के हौसले की जीत हुई | यह जीत भारतीय सेना के शौर्य की दास्तां बयां करती है| इस जंग पर बाद में जेपी दत्ता ने **बॉर्डर** नाम से एक फिल्म भी बनाई थी जिसमें मेजर कुलदीप सिंह चांदपुरी का रोल सन्नी देयोल ने निभाया था|

कुलदीप सिंह चांदपुरी का जन्म 22 नवंबर 1940 को पाकिस्तान के मोंटागोमरी में हुआ था| विभाजन के बाद चांदपुरी का परिवार भारत आ गया और पूरा परिवार बालाचौर के चांदपुर रूड़की में रहने लगा| कुलदीप ने 1962 में गवर्नमेंट कॉलेज होशियारपुर से पढ़ाई पूरी की और इसके बाद इसी साल वे भारतीय थल सेना में भर्ती हो गए| 1963 में ऑफिसर्स ट्रेनिंग अकैडमी से पंजाब रेजिमेंट की 23वीं बटालियन में उन्होने कमिशन प्राप्त किया| कमीशन हासिल करने के दो साल बाद ही 1965 के भारत-पाक युद्ध में हिस्सा लिया| उन्होने पाकिस्तान के साथ 1965 और 1971 की दो लड़ाइयों में भाग लिया| दोनों लड़ाइयों में पाकिस्तान की हार हुई थी|

लेकिन 1971 की लड़ाई के वे हीरो बन गए| जब लोंगेवाला में पाकिस्तान ने 60 पेटन टैंकों से हमला बोला तो चेक पोस्ट पर तैनात 120 जवानों की सेना की टुकड़ी इसके लिए कतई तैयार नहीं थी| अचानक हुए हमले से भारतीय सेना के जवान घबराए नहीं इसके लिए

मेजर कुलदीप सिंह चांदपुरी ने जवानों के हौसले को कम नहीं होने दिया| युद्ध में जवानों का जोश बनाए रखना एक कमांडर के लिए बड़ी चुनौती होती है जिसे मेजर कुलदीप सिंह चांदपुरी ने बड़ी कुशलता से स्वीकार करते हुए दुश्मन के दांत खट्टे कर दिए| एक साक्षात्कार में उन्होंने बताया था कि पाकिस्तान ने 60 टेंकों को लेकर 3000 सैनिक के साथ लोंगेवाला चेकपोस्ट पर हमला बोला था|

आधीरात होते-होते पाकिस्तान की सेना ने चेकपोस्ट के आसपास घेरा डाल दिया था| स्थिति ऐसी नहीं थी कि कहीं से कोई मदद मिल सके क्योंकि सबसे नजदीक सेना की टुकड़ी 18 किमी दूर थी| मरने और मारने के सिवा यहां कोई दूसरा रास्ता नहीं था|

इसी पशोपेश के बीच हेडक्वार्टर से कंपनी को आदेश दिया गया कि लोंगेवाला बेहद महत्वपूर्ण चेकपोस्ट है और इसे किसी भी सूरत में छोड़ना नहीं है| इसके बाद मेजर कुलदीप सिंह चांदपुरी ने तय कर लिया कि अब चाहें कुछ भी हो जाए दुश्मन से लड़ना है| मेजर कुलदीप सिंह चांदीपुरी और सैनिकों ने इस मुश्किल घड़ी में धैर्य नहीं खोया और फैसला किया कि कुछ भी हो जाए लड़ेंगे और इस पोस्ट पर ही शहीद होंगे| मौत सामने थी जवानों ने मोर्चा संभाल लिया| चांदपुरी ने किसी भी जवान का हौसला टूटने नहीं दिया| उन्होंने अपने जवानों को आदेश दिया कि अगर वे चेकपोस्ट को छोड़कर भागते हैं तो पोस्ट पर तैनात सभी 120 सैनिक उन्हें गोली मार दें|

चाँदपुरी ने जवानों को प्रेरित किया और उन्हें गुरु गोबिंद सिंह और उनके बेटों के बलिदान को याद करने के लिए कहा| चांदपुरी ने कहा कि अगर डर कर भागते हैं तो पूरी सिख समाज पर कलंक होगा| इसके बाद युद्ध का माहौल ही बदल गया| 120 सैनिकों ने मिलकर जब पाकिस्तान की सेना को ललकारा तो पाकिस्तान की फौज को लगा कि वहाँ भारतीय सेना 1000 से ज़्याद जवान हैं जबकि वहाँ 120 सैनिक थे| इसके बाद जबरदस्त तरीके से जंग लड़ी गई और अंत में भारत की इसमें जीत हुई| इस जीत का सेहरा मेजर कुलदीप सिंह चांदपुरी के सिर बांधा गया | उनके अदम्य साहस को देखते हुए उन्हें महावीर चक्र और विशिष्ट सेवा मेडल प्रदान किया गया था|

उस रात के युद्ध में पाकिस्तान के 12 टैंक तबाह कर दिए और 8 किलोमीटर दूर तक पाकिस्तानी सैनिकों को खदेड़ दिया। पाकिस्तान के मंसूबे पर पानी फिर चुका था। पाकिस्तानी सैनिकों का इरादा रामगढ़ होते हुए जैसलमेर तक पहुंचना था, लेकिन आगे बढ़ना तो दूर उनको पीछे हटना पड़ रहा था।

रात भर मुट्ठी भर भारतीय सैनिकों ने पाकिस्तान का डटकर मुकाबला किया था । अगले दिन यानी 5 दिसंबर, 1971 को सुबह सूरज निकलने के साथ ही भारतीय सैनिकों की मदद के लिए वायु सेना का फाइटर विमान पहुंच गया। भारतीय वायु सेना के विमान पाकिस्तानी टैंकों और फौजियों पर कहर बनकर टूट पड़े। पाकिस्तानी फौज उल्टे पांव भागने को मजबूर हो गई। अगले दिन 6 दिसंबर को फिर वायु सेना के हंटर विमानों ने कहर बरपाया। इसका नतीजा यह हुआ कि पाकिस्तान की एक पूरी ब्रिगेड और दो रेजिमेंट का सफाया हो गया।

पाकिस्तान की शर्मनाक हार :लोंगेवाला के युद्ध में पाकिस्तान को बहुत शर्मनाक हार का सामना करना पड़ा। पाकिस्तान के 34 टैंक तबाह हो गए, 500 के करीब जवान घायल हो गए और 200 जवानों को जिंदगी से हाथ धोना पड़ा। दूसरे विश्वयुद्ध के यह पहला मौका था जब युद्ध में किसी सेना का इतनी बड़ी संख्या में टैंक तबाह हुआ हो। इस युद्ध में पाकिस्तान की काफी फजीहत हुई थी। भारतीय जमीन पर पाकिस्तान के कब्जे का मंसूबा नाकाम ही नहीं हुआ बल्कि उल्टे भारतीय सैनिक पाकिस्तान के 8 किलोमीटर अंदर तक जा घुसे। भारतीय सैनिक 16 दिसंबर तक पाकिस्तान की जमीन पर डेरा डाले रहे और 16 दिसंबर को भारत के जंग जीतने के साथ ही भारतीय सैनिक अपनी सीमा में वापस आए|

बॉर्डर फिल्म में जिस मेजर कुलदीप सिंह चांदपुरी का किरदार सनी देओल ने निभाया था, उनका 17 नवंबर 2018 को निधन हो गया। 1971 के लोंगेवाला के युद्ध में उनकी सैन्य टुकड़ी ने बेमिसाल बहादुरी का प्रदर्शन किया था। मेजर कुलदीप सिंह ने असाधारण नेतृत्व का परिचय दिया था जिसके लिए उनको भारत सरकार द्वारा महावीर चक्र

से सम्मानित किया गया था।

13

सिपाही संजोग छेत्री,अशोक चक्र

"आतंकवादियो को माफ़ करना ईश्वर का काम हो सकता है लेकिन उनको ईश्वर से मुलाकात कराना हमारा काम है!" -भारतीय सेना

कल्पना कीजिये कि कोई शेर का बच्चा कैसे पर्वतों पर कुलांचे भरता हुआ एक टीले से दूसरे टीले पर पहुँच जाता है। जब जंगल में अपने भाई बहनों के साथ खेलता है,वृक्षों की डालियों से उलझता है, गिरता है,उठता है तो उसके चेहरे पर कितनी मासूमियत, कितनी खुशी विद्यमान रहती है । फिर बड़ा होते-होते वह मासूम शावक जंगल में रहने के सभी नियम, सभी दाँव पेंच सीखता चला जाता है और वह योद्धा हो जाता है- जंगल का राजा या यूँ कहूँ - अजात शत्रु! संजोग छेत्री के विषय में कुछ ऐसा ही चित्र उभरता है।

मैं संजोग क्षेत्री से कभी नहीं मिला पर उनके बारे में मुझे जो जानकारी मिली वही मैं लिख रहा हूँ - भारतीय सेना की प्रतिष्ठित पलटन, 9 पैरा स्पैशल फोर्सेस के 50वें स्थापना दिवस के अवसर पर मैंने उसकी कांस्य मूर्ति देखी थी। पलटन के मुख्य भवन के सामने एक छोटे से टीले पर अपने अन्य तीन साथियों के साथ वह शौर्य का प्रतिमान बन कर खड़े थे । गर्व की बात यह थी कि ये चारों भारत के सर्वोच्च सम्मान 'अशोक चक्र' के विजेता थे और चारों ही अपने कर्तव्य का पालन करते

हुए मातृभूमि की रक्षा में शहीद हो गए थे।

पलटन की स्थापना दिवस के अवसर पर लगभग एक हज़ार सैनिक और उनके परिवार एकत्र हुए थे। चारों ओर उत्सव जैसा वातावरण था। स्थापना दिवस की सुबह सबसे पहले पलटन के चार अशोक चक्र विजेताओं की मूर्तियों पर श्रद्धा सुमन अर्पण करने का कार्यक्रम था। शहीद मेजर अरुण जसरोटिया, शहीद मेजर सुधीर कुमार वालिया और शहीद लांस नायक मोहन गोस्वामी के परिवार के सदस्य उस समारोह में उपस्थित थे। लेकिन सिपाही संजोग के परिवार से कोई नहीं आया था।

आता भी कैसे? संजोग अनाथ था। संसार में रिश्तों के नाम पर केवल उसकी छोटी बहन थी और वह भी किसी परिवार के सदस्य के पास रह रही थी। केवल 21 वर्ष की आयु में शहीद होने वाले संजोग की छोटी बहन तो और भी छोटी होगी। मैं बहुत देर तक उस वीर बाल योद्धा की कांस्य-मूर्ति निहारता रहा। उसी संवेदनशील क्षण में मेरा उससे भावनात्मक रिश्ता जुड़ गया। मैं संजोग के बारे में सब कुछ जानने के लिए उत्सुक था। उस दिन मैं पलटन में उन सैनिकों से मिला जो संजोग के मित्र भी थे और अभियान में भी उसके साथ थे।

लगभग एक वर्ष के बाद ही उन्हें अपनी पलटन की एक टुकड़ी के साथ आतंकियों के साथ युद्ध का अवसर मिला था।पैराट्रूपर संजोग छेत्री की पलटन 9 पैरा स्पेशल फोर्सेस जम्मू-कश्मीर में तैनात थी। यह पलटन नियमित रूप से आतंकवाद विरोधी अभियानों में सक्रिय थी। 22 अप्रैल, 2003 को खुफिया सूत्रों से जम्मू के सुरनकोट जिले की पहाड़ियों के 'हिल काका' क्षेत्र में कुछ कट्टर आतंकवादियों के छिपने की सूचना मिली थी। यहाँ एकत्रित हुए ये आतंकवादी जम्मू-कश्मीर के अन्य इलाकों में आतंक फैलाने की योजना बना रहे थे।

उपलब्ध सूचना का विश्लेषण करने के बाद 9 पैरा स्पेशल फोर्स द्वारा आतंकवादियों को उस पहाड़ी क्षेत्र से बाहर निकालने के लिए एक अभियान की योजना बनाई गई थी। ऑपरेशन के लिए 20 कमांडो वाली एक आक्रामक टीम का चयन किया गया था जिसका कोड नाम 'ऑपरेशन सर्प विनाश' रखा गया था। पैरा ट्रूपर संजोग छेत्री इस ख़तरनाक ऑपरेशन के लिए चुने गए कमांडो में से एक थे।

यह गर्मियों का एक आम दिन था |कमांडो अपनी ड्यूटी के किसी भी कॉल के लिए हमेशा तैयार रहते थे। 22 जून 2003 को राजौरी सेक्टर के सुरनकोट इलाके को रेड जोन घोषित किया गया था। 9 पैरा की टुकड़ियों को भेजा गया था, लेकिन इलाके से खोज अभियान में मदद नहीं मिल रही थी।

उस रात भारतीय सेना की टीम ने संदिग्ध इलाके की घेराबंदी कर दी आतंकवादियों के ठिकाने से कमांडो टीम पर भारी गोलीबारी से जंगल की शांति भंग हो गई। टीम चारों ओर बिखर गई और कवर ले लिया, वे अपना सिर भी नहीं उठा पा रहे थे और संजोग छेत्री जानते थे कि अगर वे कवर में रहना जारी रखते हैं तो वे जीवित नहीं रहेंगे। । हालाँकि जैसे ही कमांडो आगे आतंकवादियों के ठिकाने की ओर बढ़े , जो कि एक गुफा के बीच था ,आतंकवादियों ने उन्हें खुले में देख लिया और उन पर गोलियाँ बरसानी शुरू कर दीं। भारी हथियारों से लैस आतंकवादी सुरक्षित स्थानों से गोलीबारी कर रहे थे और खुले में आगे बढ़ते हुए सैनिकों के लिए गंभीर खतरा पैदा कर रहे थे। एक टीले के पास पहुँचते हुए संजोग छेत्री ने महसूस किया कि उनकी टीम के साथी दुश्मन के फायर की सीधी रेखा में थे और खतरे में थे। अचानक अपने साथियों पर आए गंभीर ख़तरे को भाँपते हुए संजोग अपने दुर्लभ साहस का परिचय देते हुए लगभग 100 गज की दूरी तक जमीन पर घुटनों के बल रेंगते हुए गुफा के नजदीक पहुँच गए। आतंकियों ने उन्हें ऊपर से देख लिया था और उन पर अंधाधुंध गोलियाँ बरसाने लगे । आती हुई गोलियों की बौछार को अपने शरीर पर झेलते हुए संजोग ने अपने साथ लाये ग्रनेड फेंक कर आतंकवादियों पर हमला बोल दिया और एक आतंकवादी को मार गिराया। इस भीषण गोलाबारी में संजोग छेत्री घायल हो गए और उनके शरीर से काफी खून बहने लगा। लेकिन उन्होंने ग्रेनेड फेंकते हुए अपनी राइफल से लगातार गोलीबारी करते रहे | सामरिक श्रेष्ठता दिखाते हुए गुफा की ओर हौसले और बहादुरी के साथ बढ़ते रहे तभी उनके दाहिने कंधे में गोली लगी । गोली लगने के बावजूद उन्होंने 2 आतंकवादियों को मौके पर ही मौत के घाट उतार दिया । घायल अवस्था में वो अपने शरीर पर नियंत्रण खो रहे थे और दुर्भाग्यवश गुफा के प्रवेश द्वार पर ही गिर

गए| आतंकवादियों ने उन्हे गोलियों से छलनी कर दिया|

सिर्फ गोलियों से एक भारतीय कमांडो को नहीं मार सकते जब तक उसके अंदर कमांडो का जज्बा है ।गोलियों से छलनी होने के बावजूद भी संजोग छेत्री ने शत्रु को बिलकुल सामने पाकर गुत्थमुत्था युद्ध में अपने शरीर पर बँधे कमांडो के विशेष हथियार 'कमांडो डैगर (चाकू) से अंतिम आतंकवादी पर घातक प्रहार किया जिससे वह वहीं पर ढेर हो गया । यह देखकर आतंकवादी पूरी तरह से सदमे में आ गए,उनके साथी कमांडो भी चौंक गए कि छेत्री जिन्हें कुछ सेकंड पहले गोली मार दी गई थी, फिर से उठ खड़े हुए और हमला बोल दिया इस आमने-सामने के युद्ध में संजोग छेत्री भी अपनी देश की आन, बान और शान के लिए शहीद हो गए। | परंतु इस दुनिया को छोड़ने के पहले छेत्री ने यह साबित कर दिया कि इस कठिनतम लड़ाई में एक कमांडो किस तरह लड़ सकता है| इस तरह 9 पैरा कमांडो बटालियन का कमांडो देश के लिए अपना सर्वस्व न्योछार कर दिया|

सर्वोच्च बलिदान और साहस के इस दृश्य को उनके साथियों ने अपनी आँखों से देखा तो उनकी शिराओं में बहता हुआ रक्त खौलने लगा। छेत्री के अदम्य साहस और पराक्रम को देखकर उनके साथी कमांडो के सामने वहाँ छिपे शत्रु का सफाया करने का जोश जाग उठा। उनके साथी कमांडो उस घुप अँधेरे में आगे बढ़े और उन्होंने उस रात उस जंगल में छिपे 13 आतंकियों को मार गिराया। एक पाक प्रशिक्षित आतंकी जो कि गम्भीर रूप से घायल था, उसे पकड़ लिया।

यह ऑपरेशन 21 लोगों की मौत के साथ समाप्त हुआ था, जिसमें संजोग छेत्री भी एक थे ।पैराट्रूपर्स संजोग छेत्री केवल 21 वर्ष के थे | मरणोपरांत उन्हे शांतिकाल के सर्वोच्च वीरता पुरस्कार "अशोक चक्र" से सम्मानित किया गया |

सिक्किम के एक छोटे से गाँव में जन्मे संजोग के पिता भी सेना में सेवाएँ दे चुके थे अतः सैनिक बनना उनका जन्मसिद्ध अधिकार भी था और ध्येय भी। इनकी छोटी अवस्था थी , जब इनके पिता की मृत्यु हो गई और परिवार ने इनकी माँ का पुनर्विवाह कहीं दूर कर दिया। माँ भी चली गई, तो संजोग और उनसे छोटी बहन संजोगिता अनाथ हो गए।

मौसी ने दया करके पाला; लेकिन जीवन वैसा नहीं रहा, जैसा माँ-पिता की छत्र-छाया में था। फिर भी यह होनहार बालक जीवन की चुनौतियों से एक सिंह की तरह लड़ता रहा।

शौर्य और संगीत का अद्भुत संगम मैंने बहुत से सैनिकों में देखा है । उनके मित्रों के अनुसार संजोग भी पॉप संगीत को पसंद करते थे और अपनी प्रिय गिटार के सुरों के साथ गीत गाकर सभी का दिल बहलाते थे। फौज में भर्ती हुए, तो अपनी प्रिय गिटार भी साथ ही ले आए । अभियान में जाने से पहले इन्होंने अपनी गिटार अपने सामान के साथ पलटन में ही रखी थी। वो गिटार इनकी अमूल्य धरोहर की तरह अभी भी पलटन के मोटिवेशन हाल में इनकी तस्वीर के साथ रखी हुई है।

अदम्य साहस और वीरता से वर्दी की पेटी से बँधे कमांडो डैगर से सामने खड़े खूंखार शत्रु पर अचूक प्रहार करने वाले किशोर संजोग के व्यक्तित्व में कोमल भाव भी कूट कूटकर समाहित थे। अपने स्कूल के दिनों में चित्रकारी भी करते थे। उनके द्वारा बनाये कई चित्र उनके मित्रों ने अपने पास सहेज के रखे हुए हैं। इनके स्कूल और कॉलेज में भी इनके चित्र लगे हुए हैं। इनके स्कूल के अध्यापक अपने आप को सौभाग्यशाली मानते हैं कि उन्हें ऐसे दृढसंकल्प, शूरवीर एवं मेहनती शिष्य को शिक्षा देने का अवसर मिला। उनके मित्रों के अनुसार संजोग को खेलकूद के क्षेत्र में भी छात्रवृति मिली थी और वह राज्य स्तर पर फुटबाल खेलते थे।

एक गायक, चित्रकार, फुटबाल के खेल में दक्ष छात्र के लिए जीवन जीने के लिए बहुत से मार्ग थे । वह इनमें से किसी को भी चुन सकते थे। किन्तु संजोग एक बहादुर सैनिक पिता के पराक्रमी पुत्र थे । उनकी रगों में एक सेनानी का रक्त था। सैनिक धर्म ही उनके लिए सर्वोपरि था और भारत माँ की रक्षा ही उनके जीवन का एक मात्र लक्ष्य था।

जिस प्रकार महाभारत काल में अल्प आयु में वीरगति प्राप्त करने वाले वीर अभिमन्यु के शौर्य की कहानियाँ आज भी दोहराई जाती हैं, ठीक वैसे ही आज पैराट्रूपर संजोग छेत्री के अद्भुत पराक्रम और बलिदान की वीरगाथा युगों-युगों तक आने वाली पीढ़ियों को प्रेरित करेगी।

14

मेजर सुधीर वालिया, अशोक चक्र

"जो आपके लिए जीवनभर का असाधारण रोमांच है, वो हमारी रोजमर्रा की जिंदगी है|" -भारतीय सेना

मेजर सुधीर कुमार वालिया हिमाचल प्रदेश के कांगड़ा जिले के रहने वाले थे। सेना के अनुभवी सूबेदार मेजर रूलिया राम वालिया और श्रीमती राजेश्वरी देवी के सैन्य परिवार में जन्मे मेजर सुधीर हमेशा अपने पिता के नक्शेकदम पर चलना चाहते थे और सेना में शामिल होना चाहते थे। उन्होंने अपने बचपन के दिनों से ही अपने सपनों का पीछा किया और हमीरपुर के पास स्थित उनके स्कूल, "सैनिक स्कूल सुजानपुर तीरा (हिमाचल प्रदेश)" ने उनके प्रयासों में मदद की। नतीजतन, वो अपने पहले प्रयास में ही एनडीए की परीक्षा में सफल हो गए और प्रतिष्ठित अकादमी में उन्हे प्रवेश मिल गया ।

मेजर सुधीर वालिया ने 1988 में भारतीय सैन्य अकादमी (आईएमए) से स्नातक की उपाधि प्राप्त की और उन्हें सेना की जाट रेजिमेंट के 4 जाट बटालियन में नियुक्त किया गया। कमीशन के तुरंत बाद वह उन 70,000 सैनिकों का हिस्सा बन गए जिन्हें भारत-श्रीलंका समझौते के तहत "शांति मिशन" पर श्रीलंका भेजा गया था। श्रीलंका से लौटने के बाद, उन्हें 9 पैराशूट कमांडो रेजिमेंट में शामिल किया गया, जो

कि भारतीय सेना का एक विशेष बल है जो पर्वतीय अभियानों में माहिर है।

मेजर सुधीर वालिया ने अपनी यूनिट, 9 पैरा (स्पेशल फोर्सेस), के साथ जम्मू-कश्मीर में कई बड़े ऑपरेशन किए। कश्मीर में, भारतीय सेना के विशेष बल के कमांडो अक्सर आतंकवादी भेष में घूमते थे, आतंकवादियों के ठिकानों का पता लगाकर उनका सफाया करते थे। इस रणनीति ने कई उग्रवादियों, उनके नेता और यहां तक कि कई संगठनों का सफाया करने में मदद की।

1997 में, मेजर सुधीर को एक विशेष पाठ्यक्रम के लिए संयुक्त राज्य अमेरिका भेजा गया और इस मिशन के दौरान पेंटागन में बोलने का उन्हे दुर्लभ सम्मान भी मिला। भारतीय सेना में 'रेम्बो' के नाम से जाने जाने वाले उन्हें पाठ्यक्रम में उनके साथियों द्वारा 'कर्नल' कहा जाता था, जो 80 अन्य देशों से आए थे। बाद में उन्हें थल सेनाध्यक्ष के विशेष सुरक्षा अधिकारी के रूप में प्रतिनियुक्त किया गया| जम्मू-कश्मीर में आतंकवाद का मुकाबला करने के लिए उन्हे दो बार सेना मेडल से अलंकृत किया गया।

जब वह अपने करियर में उत्कृष्ट प्रदर्शन कर रहे थे तभी "कारगिल युद्ध" शुरू हुआ और मेजर सुधीर वालिया ने उस समय सेना प्रमुख जनरल मलिक को एक आवेदन पत्र लिखा, जिसमें उन्होंने अपनी बटालियन के साथ युद्ध क्षेत्र में जाने का अनुरोध किया | जनरल मलिक ने उनके अनुरोध को स्वीकार कर लिया और अपने सबसे निडर और बहादुर सैनिक को कारगिल के युद्ध क्षेत्र में भेज दिया।

11 जुलाई 1999 को भारत और पाकिस्तान के बीच शांति बहाल करने के लिए प्रस्ताव आ गया और पाकिस्तान धीरे धीरे अपने सैनिको को इस इलाके से हटाने लगा। पर कुछ जगहों पर उसका कब्ज़ा अब भी बरकरार था। पाकिस्तानी सेना की 19 फ्रंटियर फोर्स रेजिमेंट के सैनिक अब भी जुलु स्पर की पहाड़ियों पर बैठे हुए थे जिससे मश्कोह इलाके पर उनकी पकड़ थी। अब एक खास ऑपरेशन की ज़रूरत थी, जिसे पूरा करने का दारोमदार मेजर वालिआ को दिया गया था।

9 पैरा और 3 गोरखा राइफल्स ने मिल कर इस अभियान को अंजाम दिया। गोरखा सैनिको ने पहले चरण मे जुलु स्पर के जंक्शन इलाके पर पकड़ बना ली। अभियान के अगले पड़ाव मे 9 पैरा के जवानों ने 5200 मीटर की खड़ी चढ़ाई में चढ़ कर पाकिस्तानी बंकर पर हमला किया और पाकिस्तानी सैनिको के साथ अत्यंत घातक युद्ध करके उस बंकर को हथिया लिया ।

भारतीय सेना के एक कंपनी कमांडर को जुलु पहाड़ी की ऊंचाई में बने अपने ही बंकर में बैठा देख कर, एक पाकिस्तानी सैनिक के मुख से यह बात अकस्मात निकल गई "आप यहाँ कैसे आए?" वह भारतीय सैनिक और कोई नहीं बल्कि मेजर सुधीर कुमार वालिआ थे जिन्हे उनकी पल्टन में "रेम्बो" कह कर पुकारा जाता था। उस पाकिस्तानी सैनिक का चौकना लाजमी था क्योकि इस ऊँचाई तक पहुंचना लगभग नामुमकीन था खास कर तब जब पाकिस्तानियों ने कब्जे से पहले यहाँ बारूदी सुरंगे बिछा रखी थी। भारतीय सेना और सैनिको के कई अथक कोशिशों के बाद भी इस पोस्ट पर कब्ज़ा नहीं पाया जा सका था| क्योकि पाकिस्तानी सैनिको की बारूदी सुरंगे और धुआंधार गोली बारी से भारतीय सेना के कई प्रयास विफल हो चुके थे। पर यहाँ मामला कुछ अलग था क्योकि, पाकिस्तानी सेना अब भारतीय सेना के सबसे बेहतरीन सैनिको का सामना कर रही थी। इस ऑपरेशन मे एक भी भारतीय सैनिक घायल या मारा नहीं गया जबकि पाकिस्तान के 13 सैनिक मारे गए और एक सैनिक को बंदी बना लिया गया।

इस ऑपरेशन के बाद भारत सरकार ने 9 पैरा को "BRAVEST OF THE BRAVE" यानि "बहादुरों में सबसे बहादुर" की उपाधि दी और मेजर वालिआ को वीर चक्र से सम्मानित किया गया । युद्ध के बाद जब मेजर वालिआ, जनरल मलिक से मिले तो जनरल ने उनसे इन कठिन हालत और ऊंचाइयों पर लड़ने का राज पूछा। इस पर मेजर वालिआ का सिर्फ एक जवाब था: "सर, मैं पहाड़ी हूँ , और मुझे उन हालातो मे ढलने की कोई ज़रूरत ही नहीं पड़ी|"

कुपवाड़ा ऑपरेशनः 29 अगस्त 1999 : कारगिल युद्ध की समाप्ति के बाद, सेना किसी भी घटना से निपटने के लिए अपनी हाई अलर्ट

स्थिति को जारी रखे हुए थी। मेजर सुधीर वालिया और उनकी साहसी कमांडो की टीम आतंकवादियों के वेश में छिपे हुए आतंकवादियों को खोजने का काम कर रही थी जो सुरक्षा बलों के लिए एक गंभीर खतरा पैदा कर सकते थे। 29 अगस्त 1999 को, मेजर सुधीर कुमार वालिया पांच कमांडो के एक दस्ते के साथ जम्मू-कश्मीर के कुपवाड़ा जिले में "हफरुदा वन" के घने जंगल में "खोज और नष्ट" मिशन पर थे। दस्ते को अचानक एक गुप्त ठिकाने पर 20 से अधिक आतंकवादियों के छुपे होने का पता चला|

मेजर सुधीर ने तुरंत ही अपनी टीम को संगठित किया और ठिकाने पर हमला कर दिया। मेजर सुधीर ने आगे बढ़कर नेतृत्व करते हुए और दुर्लभ साहस का परिचय देते हुए अकेले ही 4 उग्रवादियों को मार गिराया। हालांकि, इस दौरान उनके पेट में गोली लग गई फिर भी उन्होंने अपनी टीम को तब तक आदेश देना जारी रखा जब तक कि उन्होंने सभी संदिग्ध उग्रवादियों का सफाया नहीं कर दिया। ऑपरेशन खत्म होने के 35 मिनट बाद मेजर सुधीर को एयरलिफ्ट कर आर्मी बेस अस्पताल श्रीनगर ले जाया गया लेकिन रास्ते में ही उन्होंने दम तोड़ दिया।

मेजर सुधीर कुमार वालिआ, 9 पैरा कमांडो के हिस्सा थे जो भारतीय सेना के विशेष बलो मे से एक थी जिन्हे कमांडो ऑपरेशन्स के लिए प्रशिक्षित किया जाता है। 9 पैरा ने ही 2016 में पाकिस्तान अधिकृत कश्मीर में "सर्जिकल स्ट्राइक्स" को अंजाम दिया था।

मेजर सुधीर वालिया अक्सर अपनी माँ से कहा करते थे की वो कभी किसी बीमारी या दुर्घटना से नहीं मरेंगे बल्कि गौरव के साथ शहीद होंगे। जिस "रेम्बो" नाम से उन्हें पुकारा जाता था, उन्होंने उस नाम को सजीव कर दिखाया | हालांकि वह आज हमारे साथ नहीं है, पर उन्हे आज भी भारतीय सेना मे एक नायक, देशभक्त और एक सच्चे सैनिक के रूप मे याद किया जाता है।

मेजर सुधीर वालिया को उनकी उत्कृष्ट वीरता, अदम्य साहस और सर्वोच्च बलिदान के लिए मरणोपरांत देश का सर्वोच्च शांतिकालीन वीरता पुरस्कार, "अशोक चक्र" प्रदान किया गया।

15

सिपाही गुरतेज सिंह, वीर चक्र

"हम भारतीय सेना से सिर्फ दो लोग ही मिलने आते है एक या तो वो हमारे बहुत अच्छे दोस्त होते है या दूसरा वे जो हमारे कट्टर दुश्मन होते है।"

सिपाही गुरतेज पर पीपुल्स लिब्रेशन आर्मी के चार सैनिकों ने हमला बोला। गुरतेज जरा भी डरे नहीं बल्कि रेजीमेंट का युद्धघोष 'बोले सो निहाल, सत श्री अकाल,' चिल्लाते हुए उनकी तरफ बढ़े। गुरतेज ने दो को वहीं ढेर कर दिया जबकि दो ने उन्हें जान से मारने की कोशिश की। गुरतेज उनको पहाड़ी पर खींच कर ले गए और वहाँ से उन्हें नीचे गिरा दिया।

सिपाही गुरतेज सिंह पंजाब में मनसा जिले की बुदलाधा तहसील के बीरेवाला डोगरान गांव के रहने वाले थे। श्री विरसा सिंह और श्रीमती प्रकाश कौर के पुत्र, सिपाही गुरतेज सिंह का जन्म 15 नवंबर 1997 को हुआ था। तीन भाई-बहनों में सबसे छोटे, बचपन से ही सशस्त्र बलों में शामिल होने के इच्छुक थे। आखिरकार, वह 20 साल की उम्र में 2018 में अपनी स्कूली शिक्षा पूरी करने के बाद सेना में शामिल हो गए।

पंजाब रेजिमेंट सेंटर में अपना प्रशिक्षण पूरा करने के बाद, सिपाही गुरतेज सिंह को 14 अक्टूबर 2019 को उन्हें पंजाब रेजिमेंट की 3

पंजाब बटालियन में पदस्थ किया गया था, जो भारतीय सेना की एक पैदल सेना रेजिमेंट है, जो अपने निडर सैनिकों और युद्ध के मैदान में वीरता के लिए जानी जाती है। जब यह घटना हुई उस समय बटालियन को सियाचिन में उत्तरी ग्लेशियर में तैनात किया गया था। सियाचिन कार्यकाल के दौरान, उन्हें मालौन पोस्ट, बिला कॉम्प्लेक्स (ऊंचाई-18018 फीट) पर तैनात किया गया और उन्होंने उत्तरी ग्लेशियर में अपना कार्यकाल सफलतापूर्वक पूरा किया।

जून 2020 के दौरान, "ऑपरेशन स्नो लेपर्ड" के हिस्से के रूप में सिपाही गुरतेज सिंह की यूनिट को पूर्वी लद्दाख में वास्तविक नियंत्रण रेखा (एलएसी) के करीब तैनात किया गया था। जून की शुरुआत से ही लेह से दौलत बेग ओल्डी को जाने वाली सड़क के करीब गलवान घाटी में निर्माण कार्य के कारण एलएसी पर तनाव बढ़ रहा था। गलवान नदी पर अक्साई चीन क्षेत्र में एक पुल के निर्माण पर चीनियों को गंभीर आपत्ति थी। यह क्षेत्र भारत के साथ-साथ चीन के लिए भी सामरिक महत्व रखता था क्योंकि यह लेह से दौलत बेग ओल्डी तक की सड़क पर हावी था, जो भारत के लिए सैन्य महत्व की हवाई पट्टी थी। तनाव कम करने के लिए दोनों पक्षों के वरिष्ठ सैन्य अधिकारियों के बीच कई दौर की बातचीत हो चुकी थी।

15 जून 2020 की रात को, स्थिति की गंभीरता को देखते हुए क्षेत्र में तैनात 16 बिहार बटालियन के कमांडिंग ऑफिसर कर्नल संतोष बाबू ने वार्ता का नेतृत्व करने का फैसला किया। हालांकि, चर्चा के दौरान हुई कहासुनी से माहौल और बिगड़ गया और मारपीट तक पहुंच गई। जल्द ही हाथापाई हिंसक झड़प में बदल गई और चीनी सैनिकों ने कर्नल संतोष बाबू और उनके जवानों पर घातक क्लबों और छड़ों से हमला कर दिया। चीनी सैनिक हमले के लिए तैयार लग रहे थे। जैसे-जैसे झड़पें बढ़ीं, 3 पंजाब के सिपाही गुरतेज सिंह और अन्य सैनिक भी चीनी सैनिकों से मुकाबला करने के लिए संकटग्रस्त भारतीय सैनिकों में शामिल हो गए। यह झड़प कई घंटों तक चली।

15 जून 2020 को पूर्वी लद्दाख में लाइन ऑफ एक्चुअल कंट्रोल (एलएसी) पर चीनी सेना के साथ यह टकराव हिंसक हो गया था।

भारतीय सेना के बहादुर जवानों ने चीनी सेना को मुँहतोड़ जवाब दिया। हिंसक झड़प में 16 बिहार, 3 पंजाब रेजीमेंट, दो आर्टिलरी यूनिट और तीन मीडियम रेजीमेंट के अलावा 81 फील्ड रेजीमेंट चीन को जवाब देने में शामिल थी। गुरतेज 3 पंजाब घातक प्लाटून के सिपाही थे।"3 पंजाब रेजीमेंट" की घातक प्लाटून को रिइनफोर्समेंट के लिए बुलाया गया था। सैनिकों के पास उनके धर्म से जुड़ी कृपाण और डंडे, छड़ें और तेज चाकू ही थी। चीनी सैनिक को मुँहतोड़ जवाब देते-देते वो बलिदान हो गए। 16 बिहार रेजीमेंट के 20 सैनिक वीरगति को प्राप्त हो गए जिनमें कमांडिंग ऑफिसर (सीओ) कर्नल संतोष बाबू भी शामिल थे। इस झड़प में 40 से ज्यादा चीनी सैनिक मारे गए थे| जबकि चीनी मीडिया के अनुसार चीन ने केवल अपने चार सैनिकों के मरने की खबर प्रसारित की थी|

घाटी में वर्तमान युद्ध की स्थिति ज्यादातर बंदूक की लड़ाई है, जिसका अर्थ है कि आप घात लगाकर हमला करते हैं और दुश्मन को लड़ने के लिए दूर से राइफलों और अन्य हथियारों का उपयोग करते हैं। इस हमले में, सैनिकों का असली जज्बा तब सामने आया जब इन सैनिकों पर चीनी सैनिकों ने कील लगे हुए डंडों से प्रहार किया |

20 शहीद हुए बहादुरों में एक नाम 23 साल के सिपाही गुरतेज सिंह का भी है। गुरतेज सिंह कमांडो प्लाटून का हिस्सा थे, जो एक पैदल सेना बटालियन की सबसे फिट और कठिन प्रशिक्षण से प्रशिक्षित की गई सैन्य टुकड़ी होती है| केवल मानसिक और शारीरिक रूप से सर्वश्रेष्ठ सैनिक ही इसका हिस्सा बनते हैं। इस युवा सैनिक को अपनी बहादुरी का प्रदर्शन करने का जब मौका मिला तो उसने वो कर दिखाया जो भारतीय सेना के इतिहास में दर्ज हो गया और उसका नाम सदा के लिए अमर हो गया|

सिपाही गुरतेज पर चीन की पीपुल्स लिब्रेशन आर्मी के चार सैनिकों ने हमला बोला। गुरतेज जरा भी डरे नहीं बल्कि रेजीमेंट का युद्धघोष 'बोले सो निहाल, सत श्री अकाल,' चिल्लाते हुए उनकी तरफ बढ़े।गुरतेज ने दो को वहीं ढेर कर दिया जबकि दो ने उन्हें जान से मारने की कोशिश की। गुरतेज उनको पहाड़ी पर खींच कर ले गए और यहाँ से उन्हें नीचे गिरा दिया। गुरतेज भी अपना नियंत्रण खो दिया था और

फिसल गए थे। लेकिन वह एक बड़े पत्थर की वजह से अटक गए और उनकी जान बच गई।हालाँकि, इस दौरान जवान गुरतेज की गर्दन और सिर पर गहरी चोटें आ गई थीं। उन्होंने अपनी पगड़ी को दोबारा बाँधा और फिर से लड़ाई के लिए आगे बढ़ चले। उन्होंने चीनी जवानों का मुकाबला अपनी कृपाण से किया और एक चीनी सैनिक से उसका तेज हथियार भी छीन लिया।इसके बाद गुरतेज ने सात और चीनी जवानों को ढेर किया। अब तक गुरतेज 11 चीनी जवानों को ढेर कर चुके थे। बलिदान होने से पहले गुरतेज ने अपनी कृपाण से <u>12वें चीनी सैनिक को भी ढेर</u> किया। गुरतेज अकेले लड़े लेकिन कहते हैं न कि एक-एक अकाली सिख सवा लाख के बराबर होते हैं, गुरतेज ने इसी बात को सही साबित कर दिया। वह दुश्मन देश के किसी भी सैनिक को जिंदा वापस नहीं जाने देना चाहते थे | वह अपने संकल्प में दृढ़ थे | वह अपनी आखरी सांस तक हमला करते हुए वीरगति को प्राप्त हुए |

गुरतेज सिंह के पिता विरसा सिंह और माता प्रकाश कौर ने बताया कि गुरतेज फौज में बचपन से ही भर्ती होना चाहते थे। कुछ दिनों पहले ही उनके बड़े भाई की शादी हुई थी। मगर गुरतेज सीमा पर तनाव और कोरोना वायरस महामारी की वजह से <u>शादी में शामिल नहीं हो सके</u> थे। उन्होंने <u>वादा किया</u> था कि वो जल्द ही भाभी से मिलेंगे और पार्टी देंगे।

गुरतेज के वीरगति को प्राप्त होने के 20 दिन पहले पिता से बात हुई थी। उन्होंने बताया कि गुरतेज सिंह के बलिदान होने की खबर उन्हें बुधवार को सुबह 5 बजे फोन पर मिली। उनका कहना था कि गुरतेज उनका ही नहीं देश का बेटा था, जिस पर उन्हें हमेशा गर्व रहेगा।

कल्पना कीजिए कि सिपाही गुरतेज ने हमलावरों के मन में कैसा डर पैदा किया होगा जो यह सोचकर आए थे कि वे समूह के साथ आसानी से भारतीय सैनिकों को मार सकते हैं। इससे पहले कि चीनी इस जवान के हौसले का अंदाजा लगा पाते उन्हें इस बहादुर लड़के ने मौत के घाट उतार दिया। यहां तक कि जब उसे जानलेवा चोटें आईं, उसके शरीर से खून बहने लगा और वह धीरे-धीरे बेहोश होने लगा तब भी वह उठा और 12 वें चीनी सैनिक को मारकर अंतिम सांस ली।

भारतीय सेना का ऐसा जवान उस वक्त क्या सोचता है जब उसकी संख्या दुश्मनों से ज्यादा हो जाती है? उस समय एक ही विचार आता है - हमारी 'पलटन' की 'इज्जत' ।वही इज्जत देश की इज्जत होती है।

हम इस मानसिकता को कैसे प्राप्त करें? यह देशभक्ति का विचार परिवार,समाज और देश से शुरू होता है। गुरतेज सिंह पंजाब में पैदा हुआ था। भारत का पंजाब राज्य बहादुर सैनिकों का राज्य है। वहाँ के कर्मठ नौजवान सैन्य वर्दी के लिए जीना मरना,देश की सेना का हिस्सा बनना अपने लिए सम्मान और गर्व का विषय मानते हैं। जैसे-जैसे वह बड़ा हुआ उसने आस पास वही सब देखा। उसे भी परिवार और पड़ोसियों ने सैनिक बनने पर सम्मान की नजरों से देखा ।उसने देश की सेना में शामिल होकर गर्व का अनुभव किया।

एक सैनिक कठिन प्रशिक्षण के बाद अपनी बटालियन में शामिल हो जाता है और लड़ाई की कहानियों को सुनकर और पदकों को देखकर उसके अंदर वीरता की भावना का संचार होता है । वह भी उस प्रतिष्ठित सम्मान के लिए तरसता है, वह अपने शारीरिक कौशल को साबित करता है और बटालियन में अपना स्थान बनाता है। फिर वह समय आता है जिसका हम सभी इंतजार करते हैं। यही वह जगह है जहां सैनिक अपने अंदर आत्मसात किये गए सभी प्रशिक्षण और 'जोश' का उपयोग करता है ।

सिपाही गुरतेज सिंह ने साबित कर दिया है कि भारतीय सेना समय आने पर अपनी वीरता का प्रदर्शन कैसे कर सकती है । सेना देश को कभी विफल नहीं करेगी लेकिन तुच्छ राजनेता, मीडिया और नौकरशाह हमारे सैनिकों को विफल करने के लिए सेना की आलोचना करते हैं। एक तुच्छ राजनेता ने हमारे देश के सेनाध्यक्ष को "सड़क का गुंडा" कहा था ।एक वेब सीरीज में एक सैनिक को वर्दी में गलत तरीके से सेक्सुअल एक्ट करते हुए दिखाया गया था। यह उस वेब सीरीज के निर्माता का सैनिकों के प्रति दूषित मानसिकता का परिचायक है। हमें ऐसे लोगों के विचारों का बहिष्कार करना चाहिए क्योंकि इससे हमारी सेना का मनोबल गिरता है। किसी देश की सेना का मनोबल गिरने का अर्थ है उस देश की सुरक्षा और संप्रभुता को खतरा! हमें ऐसा कदापि नहीं होने देना

है| यह देश के हर नागरिक का कर्तव्य है कि वह एक सैनिक का सम्मान करे| एक सैनिक का सम्मान का अर्थ है देश का सम्मान| अब समय आ गया है कि हम अपने सैनिकों के सम्मान के लिए उठ खड़े हों| जो देश अपने देश के सैनिकों का सम्मान नहीं कर सकता वह देश अपनी स्वाधीनता और अखंडता को नहीं बनाए रख सकता| हमें गर्व है गुरतेज सिंह जैसे वीर सिपाहियों पर|

15 जून 2020 को लद्दाख की गलवान घाटी में चीनी सेना के साथ हुई झड़प में शहीद हुए कर्नल संतोष बाबू को "महावीर चक्र" और पाँच अन्य सैनिकों को मरणोपरांत "वीर चक्र" से सम्मानित किया गया | उनमें सिपाही गुरतेज सिंह भी शामिल थे |

16

कैप्टन बाना सिंह, परमवीर चक्र

"जिनमे अकेले चलने के हौसले होते हैं एक दिन उन्ही के पीछे काफिले होते हैं!"

जम्मू-कश्मीर के कादयाल गांव की एक पहचान यह भी है कि वहां 6 जनवरी 1949 को बाना सिंह का जन्म हुआ था| आम बच्चों की तरह छोटी उम्र से ही उनकी नन्हीं आंखों में कुछ

सपने थे| भारतीय सैनिक बनना इन्हीं में से एक था| परिवार के सहयोग से वह 6 जनवरी 1969 को अर्थात ठीक 20 साल बाद अपना सपना पूरा करने में सफल रहे| जम्मू-कश्मीर लाइट इन्फेंट्री में उनको पहली तैनाती दी गई थी|

नौकरी के करीब 3 साल बाद, जब 1971 में पाकिस्तानी सेना ने भारत की सीमाओं पर हमला बोला, तो बाना सिंह ने अपनी बटालियन के साथ दुश्मन सेना के खिलाफ मोर्चा संभाला| इस जंग के करीब 16 साल बाद 26 जून 1987 को एक बार फिर से उन्हें पाकिस्तानी सेना से दो-दो हाथ करने का मौका मिला|

दरअसल, करीब 21000 फीट की ऊंचाई पर मौजूद "सियाचिन ग्लेशियर" में मौजूद "कायद चौकी" को पाकिस्तानी सेना ने अपने कब्जे में ले लिया था| उस चौकी को पाकिस्तानी फौज के कब्जे से छुड़ाने का

अभियान भारतीय सेना ने छेड़ा था |

हिमालय में स्थित "सियाचिन ग्लेशियर" समुद्र तट से करीब 21,000 फीट की ऊंचाई पर मौजूद एक ऐसी जगह है, जिसका नाम सुनते ही -50o सेल्सियस के लगभग का तापमान, तीव्र बर्फीले तूफान और हांड कंपा देने वाली तेज सर्द हवा की तस्वीरें आंखों के सामने खुद-ब-खुद तैरने लगती हैं| इस जगह पर रहना, खाना-पीना तो दूर की बात है| महज़ कुछ एक मिनट के लिए खड़े रहना आसान नहीं होता है! यहाँ तैनात सैनिकों को चार महीने से ज्यादा नहीं रखा जाता| इसकी वजह है- यहाँ का -50 डिग्री तापमान और ऑक्सीजन की कमी|

भारत के सामने सियाचिन ग्लेशियर में स्थित चौकी को दुबारा जीतने की बड़ी चुनौती थी| कहते हैं कि कायद चौकी को छुड़ाने की जब योजना बन रही थी, तब सूबेदार बाना सिंह खुद इस मिशन के लिए अपना नाम दिया था| ऐसा भी नहीं था कि उन्हें इस मिशन के दौरान आने वाली मुसीबतों का अंदाजा नहीं था| वो -50o सेल्सियस के तापमान और ऑक्सीजन की कमी में जीवित रहने के खतरे के बारे में जानते थे| फिर भी इस मिशन के लिए वो स्वतः सामने आए | अंततः कायद चौकी को पाकिस्तानी कब्जे से छुड़ाने की जिम्मेदारी नायब सूबेदार बाना सिंह को सौंपी गई|

बाना सिंह ने इस मिशन के लिए अपने साथियों के साथ मिलकर एक रणनीति बनाई | इस रणनीति के तहत उन्होंने अपने चार साथियों के साथ पाकिस्तानी घुसपैठियों तक पहुंचने के लिए एक बेहद ही खतरनाक रास्ते को चुना| अपनी यूनिट को पाकिस्तानी चौकी के दूसरे किनारे पर फायर करने को कहा गया ताकि चौकी में चढ़ाई करने के दौरान पाकिस्तानी सैनिकों को उलझा कर रखा जा सके| यह रणनीति काम कर गई | बाना सिंह अपने साथियों के साथ तेजी से आगे बढ़ रहे थे|

लंबी जद्दोजहद के बाद बाना सिंह अपने चार साथियों के साथ ग्लेशियर तक पहुंचने में भले ही कामयाब हो गए, लेकिन मुश्किलें अभी खत्म नहीं हुई थी| एक तरफ पाकिस्तानी घुसपैठियों और नायब सूबेदार बाना सिंह के बीच वर्फ की ऊंची दीवार खड़ी थी, वहीं दूसरी तरफ

मौसम भी अब दुश्मनों की तरह व्यवहार करने लगा था| ऑपरेशन के दौरान ग्लेशियर पर तामपान शून्य से करीब 50 डिग्री सेल्सियस डिग्री से भी कम था| लगातार वर्फबारी हो रही थी| वातावरण में मौजूद इस ठंडक की वजह से अब राइफलों ने भी ठीक से काम करना बंद कर दिया था| अब बाना सिंह के सामने चुनौती थी कि वह इस बर्फ की दीवार को कैसे पार करें| तापमान लगातार गिरता जा रहा था| दूसरी तरफ अंधेरा हो रहा था| कुछ देर रुकने के बाद बाना ने तय किया कि वह रात के अंधेरे का फायदा उठाएंगे और चढ़ाई करेंगे|

तमाम विपरीत परिस्थितियों के बावजूद, नायब सूबेदार बाना सिंह और उनके साथियों ने हिम्मत नहीं हारी| उन्होंने वर्फ की दीवार को बीच से हटाने के लिए ग्रेनेड का सहारा लिया| भारतीय जवानों ने लगातार दुश्मनों की पोस्ट पर ग्रेनेड बरसाना शुरू कर दिया| ग्रेनेड के धमाकों से भारतीय सेना को दो फायदे मिले| पहले फायदे के तहत, दुश्मनों को संभलने का तनिक भी मौका नहीं मिला, वहीं धमाकों से बर्फ में हुई हलचल का भारतीय सेना को दूसरा लाभ मिला| अपनी जान बचाने के लिए पाकिस्तानी घुसपैठियों ने चौकी से निकलकर इधर-उधर भागना शुरू कर दिया| जिनके ऊपर नायब सूबेदार बाना सिंह और उनके साथियों ने अपने संगीन से हमला कर दिया| भारतीय सेना के जांबाजों ने एक एक-एक करके कई पाकिस्तानी घुसपैठियों को मार गिराया, जबकि कुछ घुसपैठिए जान बचाने के लिए पाकिस्तान की सीमा में दाखिल हो गए| इस तरह, नायब सूबेदार बाना सिंह ने चंद मिनटों में भारतीय चौकी को पाकिस्तान के घुसपैठियों से आजाद करा लिया और वहाँ भारतीय तिरंगा फहरा दिया|

अदम्य साहस और नेतृत्व के लिए नायब सूबेदार बाना सिंह को बाद में सेना के सबसे बड़े सम्मान "परम वीर चक्र" से सम्मानित किया गया| यही नहीं उनके सम्मान में कायद चौकी का नाम 'बाना टॉप' कर दिया गया था| इस जंग के बाद सन 2000 तक बाना सिंह ने भारतीय सेना में अपनी सेवाएं दी|बाना सिंह 31 अक्टूबर, 2000 को कैप्टन की मानद रैंक के साथ रिटायर्ड हुए |

17

कर्नल नरेंद्र कुमार शर्मा, कीर्ती चक्र

"संभव की सीमा जानने का एक ही तरीका है,असंभव से भी आगे निकल जाना|"

वर्ष था 1950... भारत को आजाद हुए कुछ ही वक्त बीता था। देहरादून का इंडियन मिलिट्री ऐकेडमी के ज्वाइंट सर्विसेज विंग में सेना, एयरफोर्स और नेवी के कैडेट्स की साझा ट्रेनिंग चल रही थी (क्योंकि उस वक्त तक खडगवासला में नेशनल डिफेंस अकादमी पूरी तरह से बनकर तैयार नही हुई थी)

एक सत्रह साल के कैडेट को बॉक्सिंग रिंग में अपने सीनियर बैच के कैडेट का मुकाबला करना था। वो सीनियर कैडेट बड़ा ही ब्रिलियेंट और बेहतरीन बॉक्सर था।वो सीनियर बैच का कैडेट था भविष्य का भारतीय सेना का सेनाध्यक्ष जनरल S.F. रोड्रिग्स जिस का बॉक्सिंग रिंग में दबदबा रहता था।

उसके सामने था सत्रह साल का जूनियर कैडेट नरेन्द्र कुमार शर्मा। पाकिस्तान के रावलपिंडी मे पैदा हुआ वो लडका, जिसका परिवार देश के विभाजन के समय भारत आया था। घमासान बॉक्सिंग मैच हुआ और भविष्य के सेनाध्यक्ष ने जूनियर कैडेट नरेन्द्र कुमार शर्मा का भूत बनाकर रख दिया।

वो जूनियर लडका बुरी तरह पिटा, मगर पीछे नहीं हटा। बार बार पलटकर आता, मारता और मार भी खाता मगर पीछे हटने को तैयार ना होता। अंततः कैडेट S.F. रोड्रिग्स ने वो मुकाबला जीत लिया। जूनियर कैडेट बुरी तरह पिटकर हारा जरूर मगर उसी बॉक्सिंग मैच में मैच देखने वाले कैडेट्स ने उसको एक निकनेम दे दिया। जो जीवन भर उसके नाम से चिपका रहा। वो निकनेम था BULL यानि बैल ......

वो बैल 31 दिसंबर 2020 को दिल्ली के धौलाकुंआ स्थित आर्मी के R.R. हॉस्पीटल में अपनी जिंदगी का आखिरी मुकाबला, मौत से हार गया। देश का एक हीरो चुपचाप दुनिया से चला गया गुमनामी में खो गया |बहुत कम लोगों को ये मालूम है नरेन्द्र कुमार "बुल" आखिर थे कौन?

वो बंदा फौज में कर्नल से आगे नहीं बढ़ सका, क्योकि हमेशा बर्फीले पहाड़ों की चोटिया लाँघते लांघते उस बैल के पैरों में एक भी उंगली नहीं बची थी। उसके लगातार मिशन चलते रहे। सारी उंगलियां गलकर गिर गईं। अपंग हुए, मगर उनके मिशन नही रुके।

आज अगर भारत देश सियाचीन ग्लेशियर पर बैठा है, अगर भारत ग्लेशियरों की उन ऊँचाइयों का मास्टर है, एक एक रास्ते का जानकार है, और पाकिस्तान को सियाचिन से दूर रखने में कामयाब रहा है, तो उसका श्रेय मात्र एक ही व्यक्ति को जाता है, वो थे कर्नल नरेन्द्र कुमार शर्मा यानि नरेन्द्र "बुल " कुमार ....

1984 में भारत को सियाचिन ग्लेशियर दिलाने में जिस नायक की सबसे यहां भूमिका थे वो कर्नल नरेंद्र कुमार ही थे| उस वक्त उन्होंने भारतीय सेना की मदद करते हुए पाकिस्तानी सेना को वहाँ से खदेड़ दिया था और ग्लेशियर पर तिरंगा लहराया था| इसके बाद उन्होंने भारत की तरफ से सियाचिन ग्लेशियर पर एक पर्वतारोही दल का नेतृत्व भी किया था |उन सूनसान बर्फीले ग्लेशियरों पर शून्य से 60° कम तापमान में अपने देश की खातिर बुल ने ना जाने कितने अभियानों का नेतृत्व किया। नक्शे बनाये, उस दुर्गम क्षेत्र की एक एक जानकारी हासिल की। उनके नक्श, फोटोग्राफ, भारत की ग्लेशियर पर विजय का आधार स्तंभ बने। इलाके में विदेशी पर्वतारोही अभियानों और पाकिस्तानी दखल की

जानकारी भारत और दुनिया को दी। उन रास्तों का पता लगाया, उनकी स्थिति नक्शे, फोटोग्राफ जहाँ से पाकिस्तानी सियाचीन पर कब्जा करने की ताक में थे वो सब अपने सैनिको को दी।

यही वजह थी कि सरकार ने "ऑपरेशन मेघदूत" के जरिये सियाचीन पर कब्जा किया था । उस ऑपरेशन की जिम्मेदारी नरेन्द्र बुल कुमार की अपनी रेजीमेंट यानि कुमायूँ रेजीमेंट को दी थी।

इसके अलावा वर्ष 1953 में कर्नल ने कुमाऊँ रेजीमेंट से नंदा देवी पर्वत पर चढ़ाई की थी, और ऐसा करने वाले वे पहले भारतीय थे | इसके बाद 1961 में इस पर्वतारोही सैन्य अफसर ने अपने पैर की 4 उँगलिया फ्रॉस्ट बाइट अर्थात बर्फ में गलने से खो दी थी| इसके बावजूद 1964 में वे नंदा देवी चोटी पर चढ़ने वाले पहले भारतीय थे| 1965 में एवरेस्ट में भारत का झण्डा फहराने वाले पहले भारतीय थे| कंचनजंगा को उत्तर पूर्व दिशा से चढ़ना अत्यंत कठिन है| सन 1976 में उत्तर पूर्व दिशा से कंचनजंगा पर चढ़ने वाले वो पहले भारतीय थे|

पूरा देश नरेन्द्र "बुल" का ऋणी है। जिन्होंने अपने शरीर के अंगों को बर्फ मे गलाकर, सालों साल दुर्गम ग्लेशियरों में बिताकर, असंख्य चोटियों पर पर्वतारोही अभियानों में फतह हासिल की। जो सही मायने में Father of siachen glacier कहलाने का हकदार है।

वो शानदार पर्वतारोही, वो ग्लेशियरों का सरताज, कर्नल नरेन्द्र "बुल कुमार" 31 दिसम्बर 2020 को चल बसा। देश का हीरो, एक नायक, गुमनामी में रहकर ही चल बसा। सत सत नमन है ऐसे वीर सैनिक कर्नल नरेन्द्र कुमार शर्मा को|

18

मेजर मोहित शर्मा, अशोक चक्र

"जो आपके लिए जीवन का असाधारण रोमांच होता है वो हमारी रोजमर्रा की जिन्दगी होती है|"

देश की स्वतंत्रता के 75 साल होने पर अमृत महोत्सव के तहत हर घर तिरंगा अभियान चलाया गया| देश के लिए सर्वोच्च बलिदान दे चुके भारत मां के सपूतों को भी देशवासियों ने याद किया | गाजियाबाद के साहिबाबाद में रहने वाले वीर सपूत मेजर मोहित शर्मा ने भी आतंकियों से टक्कर लेते हुए देश के लिए अपना सर्वोच्च बलिदान दे दिया था|

शहीद मोहित शर्मा की मां सुशीला शर्मा के अनुसार "मेजर मोहित शर्मा 13 जनवरी 1978 में पैदा हुए थे और वे डीपीएस गाजियाबाद के छात्र थे| हम चाहते थे कि मोहित इंजीनियर बने| उसने इंजीनियरिंग में दाखिला लेने के लिए इंट्रेंस भी दिया और सलेक्ट भी हो गया| एडमिशन लेने के बाद भी उसकी ख्वाहिश थी कि व मिलिट्री ज्वाइन करे| ट्राइ किया तो एनडीए में भी सलेक्शन हो गया| इसके बाद सभी को मोहित की बात माननी पड़ी| फैमिली की रजामंदी मिलने के बाद उसने मिलिट्री ज्वाइन कर ली|"

मोहित शर्मा को एनडीए में बेस्ट बटालियन कैडेट चुना गया| इसके बाद उन्हें तत्कालीन राष्ट्रपति के आर नारायण से मिलने का मौका भी

मिला| 1995 में एनडीए के जरिए उन्होंने सेना में कमीसन लिया था |उनको याद करते हुए उनकी मां ने बताया कि मोहित बचपन से ही कहता था कि "मैं किसी भी आतंकी को नहीं छोड़ूंगा और एक-एक को खत्म करूंगा| मरने से पहले भी उसने दो आतंवादियों को मार गिराया था और अपने 2 साथियों की जान भी बचाई थी|"

नेशनल डिफेंस एकेडमी (एनडीए) से पास आउट होने के बाद मेजर मोहित शर्मा 11 दिसंबर, 1999 को इंडियन मिलिट्री एकेडमी (आईएमए) से पासआउट हुए और पहला कमीशन 5 मद्रास में मिला। पहली पोस्टिंग हैदराबाद थी और यहां से उन्हें कश्मीर में 38 राष्ट्रीय राइफल्स के साथ तैनात किया गया।राष्ट्रीय राइफल्स में जाने से पहले उन्होंने पैरा कमांडो स्पेशल फोर्स में जाने का विकल्प चुना और जून 2003 में एक प्रशिक्षित पैरा कमांडो बन गए| सन 2003 में उन्हे कप्तान के पद पर पदोन्नत किया गया |

मेजर मोहित शर्मा 4 आतंकियों को मारते हुए और अपने 2 साथियों की जान बचाते हुए देश के लिए 21 मार्च 2009 को शहीद हो गए| 26 जनवरी 2010 को शहीद मेजर मोहित शर्मा को अशोक चक्र से सम्मानित किया गया था| 2012 में एक सड़क का नाम मोहित शर्मा के नाम पर रखा गया| 2019 में मेट्रो शुरू होने के समय राजेंद्र नगर मेट्रो का नाम शहीद मेजर मोहित शर्मा राजेंद्र नगर मेट्रो स्टेशन रखा गया|

उनके पिता ने बताया कि 2021 में करण गेट पुलिस चौकी चौराहे पर मेजर मोहित शर्मा की एक मूर्ति भी लगाई गई, जिसका उद्घाटन देश के रक्षा मंत्री राजनाथ सिंह द्वारा किया गया था| महज 31 साल की उम्र में मेजर मोहित शर्मा ने देश के लिए सर्वोच्च बलिदान दिया था| वो दो भाई थे और उनका बड़ा भाई एक सॉफ्टवेयर इंजीनियर हैं, जो फिलहाल यूएस में कार्यरत है|

सन 2004 में कश्मीर में तैनाती के दौरानमेजर मोहित शर्मा को हिजबूल मुजाहिदीन के समूह में घुसपैठ करने और उनके संचालन और योजनाओं के बारे में कुछ महत्वपूर्ण जानकारी प्राप्त करने का मिशन सौंपा गया | इसके लिए उन्होंने अपना हुलिया बदल लिया

|दाढ़ी और बाल एक मुस्लिम आतंकवादी की तरह बढ़ा लिए ताकि वो आतंकवादियों के ग्रुप में शामिल हो सकें |उन्होंने हिजबुल के दो आतंकियों के साथ संपर्क बना लिया, जिनके नाम थे अबु तोरारा और अबु सबजार और इसी दौरान उन्होंने अपना नाम "इफ्तिखार बट" रखा था। मेजर मोहित ने उन्हें इतना भरोसे में ले लिया था कि जब उन्होंने आतंकियों के सामने सेना के काफिले पर हमले की योजना बताई तो आतंकियों ने उनकी बात पर यकीन कर लिया । मेजर मोहित शर्मा इन आतंकियों के साथ शोपियां में अज्ञात जगह पर एक छोटे-से कमरे में रहते थे।

मेजर मोहित ने आतंकियों को बताया था कि साल 2001 में उनके भाई को भारतीय सुरक्षाबलों ने मार दिया था और अब उन्हें अपने भाई की मौत का बदला लेना है। मेजर ने उनसे कहा कि बदला लेने के लिए उन्हें आतंकियों की मदद चाहिए। मेजर मोहित ने दोनों आतंकियों को बताया था कि उनकी प्लानिंग आर्मी चेकप्वाइंट पर हमला करने की है और इसके लिए उन्होंने सारा ग्राउंडवर्क भी कर लिया है।

बहादुर पैरा स्पेशल फोर्सेज के ऑफिसर ने आतंकियों का भरोसा जीतने के लिए उन्हें हाथ से तैयार मैप्स भी दिखाए थे। आतंकी अक्सर उनसे यह भी पूछते थे कि वह आखिर कौन हैं? लेकिन हर बार मेजर मोहित शर्मा उन्हें चकमा देने में कामयाब हो जाते थे। आतंकियों ने तय किया कि वह मेजर मोहित की मदद करेंगे। हिजबुल आतंकियों को मेजर मोहित ने बताया कि वह कई हफ्तों तक अंडरग्राउंड हो जाएंगे ताकि हमले के लिए हथियार और बाकी साजो-सामान जुटा सकें। मेजर मोहित ने यह भी कहा कि वह अपने गांव तब तक वापस नहीं जाएंगे जब तक आर्मी चेक प्वाइंट पर हमला नहीं कर लेंगे। तोरारा और सबजार ने मेजर मोहित के लिए ग्रेनेड्स की खेप इकट्ठा की और तीन और आतंकियों का इंतजाम पास के गांव से किया।

तोरारा को मेजर मोहित पर दोबारा शक हुआ और इस पर मेजर ने जवाब दिया, 'अगर तुम्हें कोई शक है तो मुझे गोली मार दो।' मेजर मोहित ने अपनी एके-47 जमीन पर गिरा दी। उन्होंने आगे कहा, 'अगर तुम्हें मुझ पर भरोसा नहीं है तो तुम ये कर सकते हो । इसलिए तुम्हारे

पास मुझे मारने के अलावा कोई और रास्ता नहीं है।' तोरारा यह सुनकर सोच में पड़ गया और उसने सबजार की तरफ देखा। दोनों एक-दूसरे की तरफ देख रहे थे और उन्होंने अपने हथियार रख दिए थे। इसी समय मेजर मोहित ने अपनी 9 एमएम की पिस्तौल से दोनों आतंकियों को देखते ही देखते ढेर कर दिया।

दिसंबर 2005 में मोहित शर्मा को मेजर पद पर पदोन्नत किया गया और उन्हे 2005 में शोपीया ,कश्मीर में गुप्त ऑपरेशन के लिए सेना पदक से सम्मानित किया गया था| इसके बाद, उन्हे कमांडों को प्रशिक्षित करने के लिए प्रशिक्षक के रूप में बेलगाम के इन्फन्ट्री स्कूल में तैनात किया गया था | सन 2008 में उन्हे फिर से कश्मीर में तैनात किया गया, जहां उन्होंने कुपवाड़ा,जम्मू-कश्मीर में कार्रवाई के दौरान अपने प्राण न्योछावर कर दिए|

21 मार्च 2009 की घटना है | मेजर मोहित शर्मा अपनी टीम के साथ वह कश्मीर के कुपवाड़ा में थे | उन्हे सूचना मिली कि कश्मीर के हफरूदा जंगल में आतंकवादियों ने कैंप बना रखा है| यह जानकर भी कि वहां जाना खतरे से खाली नहीं है, मेजर ने अपनी टीम के साथ जंगल में कैंप लगाया|

मेजर मोहित ब्रावो असॉल्ट टीम को लीड कर रहे थे और वह 1 पैरा स्पेशल फोर्स के कमांडो थे। उन्होंने हिजबुल मुजाहिद्दीन के आतंकियों को मौत के घाट उतारा। उन्हे जंगलों में कुछ आतंकियों के छिपे होने की सूचना मिली थी जो घुसपैठ की कोशिशें कर रहे थे। मेजर मोहित ने पूरे ऑपरेशन की प्लानिंग की और अपनी कमांडो टीम को लीड किया।मेजर के साथ टीम में कुल 10 लोग थे| तीनों तरफ से आतंकी फायरिंग कर रहे थे और मेजर मोहित बिना डरे अपनी टीम को आगे बढ़ने के लिए कहते रहे। फायरिंग इतनी जबर्दस्त थी कि चार कमांडो तुरंत ही उसकी चपेट में आ गए थे। मेजर मोहित ने अपनी जान की परवाह किये बिना रेंगते हुए अपने साथियों तक पहुंचे और उनकी जान बचाई। उन्होंने आतंकियों पर ग्रेनेड फेंके और दो आतंकी को वहीं ढेर कर दिया । इसी दौरान मेजर मोहित के सीने में एक गोली लग गई। इसके बाद भी वह रुके नहीं और घायल होने के बावजूद अपने कमांडोज को निर्देश देते रहे।

मेजर मोहित के दो साथी भी गोली लगने से जख्मी हो गए| मेजर ने खुद की जान की परवाह न करते हुए दोनों जख्मी जवानों को बचाया और ग्रेनेड से हमला कर चार आतंकवादियों को मार गिराया| इस ऑपरेशन में मेजर मोहित शर्मा समेत दस में से आठ जवान शहीद हुए थे| मेजर को शहादत के बाद "अशोक चक्र" से सम्मानित किया गया था|

उस देश की सरहद को कोई छू नहीं सकता, जिस देश की सरहद की निगहबान हैं आँखें। यह लाइनें बिल्कुल सच कहती है। जिस देश की सरहद पर मर मिटने वाले जवान खड़े हों उस देश की सरहद को भला कौन छू सकता है। हमारा देश कई वीर सपूतों की गाथाओं से भरा हुआ है। इन्हीं वीरों में से एक वीर थे मेजर मोहित शर्मा। मेजर मोहित शर्मा ने न सिर्फ अपनी ड्यूटी को निभाया बल्कि आखिरी दम तक अपनी रेजीमेंट का गौरव बनाए रखा। अब मेजर मोहित की बहादुरी को पर्दे पर भी उतारा जा रहा है। मेजर मोहित की कहानी पर फिल्म 'इफ्तिखार' बनी है।

19

भारत-चीन युद्ध-1962

"दिलेरी डर की गैरमौजूदगी नहीं, बल्कि यह फैसला है कि डर से भी ज़रूरी कुछ और है|"

कुत्ते-बंदर भी काटकर खा गए चीनी| तवांग में 5 महीने बिखरे रहे शहीदों के शव, भारतीयों को 'दाढ़ी वाले भूत' कहते थे|

अरुणाचल प्रदेश के तवांग सेक्टर में 9 दिसंबर 2022 को हिंसक झड़प के बाद चीनी सैनिकों के मूवमेंट्स पर बाज जैसी नजर रखी जा रही है। हर साल सेना सर्दियों के दौरान फॉरवर्ड एरियाज की तैनाती में थोड़े बदलाव करती है। ताजा झड़प के बाद सैन्य तैनाती में बेहतरी की भी तैयारी है। एक वरिष्ठ सैन्य अधिकारी के अनुसार, 'हम यह सुनिश्चित कर रहे हैं कि कठोर मौसम और टेरेन के चलते हमारे रेस्पांस टाइम और क्षमता पर कोई असर नहीं पड़े। इसके लिए हम सैनिकों, कॉम्बेट रिजर्व्स, लॉजिस्टिकल बेसेज और गोला-बारूद के रीएडजस्टमेंट्स में लगे हैं।' ऐसा 3,488 किलोमीटर लंबी एलएएसी के तीनों सेक्टर्स-वेस्टर्न (लद्दाख), मिडल (उत्तराखंड, हिमाचल) और ईस्टर्न (सिक्किम, अरुणाचल) में किया जा रहा है। खास नजर पूर्वी लद्दाख

पर हैं जहां लगातार तीसरे साल सर्दियों के दौरान अग्रिम मोर्चों पर दोनों सेनाएं तैनात हैं। इसके अलावा अरुणाचल में भी निगरानी बढ़ा दी गई है।

तवांग सेक्टर की सुरक्षा के लिए भारी फोर्स तैनात है क्योंकि चीन इसे 'दक्षिणी तिब्बत' बताकर दावा करता है। तवांग से भूटान को भी उसके पूर्वी छोर पर सुरक्षा मिलती है। एक मिलिट्री ऑफिसर के अनुसार, '1986-87 में सुमदोरोंग स्टैंड-ऑफ के दौरान भारत ने यांगत्से चोटी पर कब्जा किया जिससे चीनी सेना चिढ़ी रहती है। चोटियों पर हम मौजूद हैं जिससे हमें चीनी क्षेत्र में दूर तक नजर रखने की रणनीतिक बढ़त मिलती है।' भयंकर ठंड के चलते उत्तरी सीमाओं के बेहद दुर्गम इलाकों की कई फॉरवर्ड पोस्ट को सेना पहले खाली कर दिया करती थी। सैनिकों की तैनाती भी घटा दी जाती थी। मिलिट्री ऑफिसर के अनुसार, 'लॉजिस्टिक्स में सुधार के चलते अब ऐसा नहीं होता। हम कड़ाके की ठंड में भी अपने जवानों की देखभाल कर सकते हैं। चीनी सेना की तरफ से अतिक्रमण और घुसपैठ को बर्दाश्त नहीं की जाएगी।'

9 दिसंबर 2022 को तवांग सेक्टर में यही बात देखने को भी मिली। घुसपैठ करने आए करीब 300 चीनी सैनिकों को भारतीय सैनिकों ने कुछ घंटों में खदेड़ा। दोनों तरफ के सैनिकों को चोटें आईं। उसके बाद तवांग फिर चर्चा में आ गया | तवांग पहले भी चीनी हमले का गवाह रहा है |

तवांग के रहने वाले ज्यादातर बुजुर्ग 1962 में चीनी हमले के गवाह हैं। हालांकि, इनकी संख्या अब 6-7 ही है। आइए जानते हैं उन बुजुर्गों से 1962 में भारत चीन के बीच हुए युद्ध की कहानी एक दैनिक भास्कर के पत्रकार की ग्राउंड रिपोर्ट से|

'जब हम शैला पास से तवांग की तरफ आगे बढ़े तो कच्चे रास्ते पर दोनों तरफ भारतीय सैनिकों की लाशें बिखरी पड़ी थीं। कुछ शव जले हुए थे, कुछ बिना जले भी। कुत्ते, चील और बाकी पक्षी उन्हें खा रहे थे, या खा चुके थे। सेला से जसवंतगढ़ तक कई किलोमीटर तक यही हाल था। युद्ध खत्म हुए और चीनी सेना को लौटे 5 महीने गुजर चुके थे, इन लाशों को लेने कोई नहीं आया था।'

73 साल के तुतुन थून ये बताते हुए आज भी कांपने लगते हैं। आगे कहते हैं- 'हमने उन लाशों को इंडियन आर्मी के बूटों को देखकर पहचाना था। भारतीय सिपाही लेदर बूट पहनते थे, जिनकी सोल में लोहा लगा रहता था।

चीन के सैनिकों ने जीत का जश्न मनाने के नाम पर हमारे कुत्तों, बकरियों, बंदर और घोड़ों को काटकर खा लिया था। वे जाते वक्त तवांग से बुमला तक लगे टेलीफोन के तार और भारतीय सेना के एक हेलीकॉप्टर के पार्ट्स भी चोरी कर ले गए थे।'

तुतुन फिर सवाल करते हैं- 'चीन 22 दिन में यहां से चला गया था। आखिर इन लाशों को ऐसे क्यों छोड़ा गया और इन्हें लेने आखिर कोई क्यों नहीं आया? मैं कई साल तक इस बारे में सोचता रहा, आज भी सोचता हूं।'

9 दिसंबर 2022 को तवांग बॉर्डर पर भारतीय और चीनी सैनिकों के बीच हुई मुठभेड़ का मामला अब ठंडा होता नजर आ रहा है, लेकिन तुतुन थून अब भी चीन को लेकर आशंकित हैं। चीन की युद्ध नीति को समझने वालों ने भी चेतावनी दी है कि 1962 की तरह ही चालबाजी के जरिए चीन युद्ध छेड़ने की फिराक में है।

तवांग के लोगों को वो युद्ध और चीनी सेना की क्रूरता अब भी याद है। लोग बताते हैं कि चीनी सैनिक भारतीयों को 'दाढ़ी वाले भूत' कहते थे।

आज भी तवांग को याद हैं 1962 के जख्म :तकरीबन 60 साल पहले चीन ने न सिर्फ भारत को हराया था, बल्कि उसके सैनिक बॉर्डर पार कर तेजपुर तक पहुंचने में कामयाब रहे थे। उन्होंने इस पूरे इलाके में जमकर तबाही भी मचाई थी। भारतीय सैनिकों ने आखिरी सांस तक जंग लड़ी, लेकिन भीषण सर्दी, हथियारों और अनुभव की कमी ने उन्हें पीछे हटने को मजबूर कर दिया था।

सरकार के आदेश पर 1960 में सेना पहली बार नॉर्थ ईस्ट फ्रंटियर एजेंसी यानी अरुणाचल प्रदेश को संभालने पहुंची थी। उसे इस क्षेत्र की कोई जानकारी नहीं थी।

मैं झड़प के बाद बॉर्डर का माहौल पता करने के लिए 16 दिसंबर 2022 को तवांग पहुंचा। इस झड़प से 1962 की जंग देख चुके लोगों के जख्म एक बार फिर हरे हो गए। मेरी मुलाकात जमघर के रहने वाले 73 साल के तुतुन थून से हुई। तुतुन सशस्त्र सीमा बल (SSB) से रिटायर्ड हैं। चीन ने जब भारत पर हमला किया था, तब वे सिर्फ 13 साल के थे।

तुतुन थून से सुनिए, जब चीनी आए तो तवांग का क्या हाल था :तुतुन बताते हैं- '1962 में अक्टूबर का महीना था और तवांग में ठंड पड़नी शुरू हो गई थी। मैं अपने पिता के साथ धान के खेत में काम कर रहा था। मेरा पड़ोसी दौड़ते हुए आया और बताया कि चीन बोमिल पास होते हुए तवांग में घुस आया है। गोलीबारी होने लगी तो हमने तय किया कि खेतों में रुकना ठीक नहीं। तवांग में रुकना खतरनाक था, इसलिए करीब 900 गांववाले एक जगह जमा हुए और हम भूटान बॉर्डर के लिए पैदल चल दिए।

हम कुछ किलोमीटर दूर चखतम के पास थे और हमारा सामना चीन के सैनिकों से हो गया। वे लाइन से हाथों में हथियार लेकर जा रहे थे। सैनिकों की तादाद देख यह तय था कि लाल कपड़े (लामा की ड्रेस) से नफरत करने वाला चीन अब बुद्ध की धरती पर कब्जा करने वाला है। इसके बाद हम छोटे-छोटे ग्रुप बना कर धीरे-धीरे आगे बढ़ने लगे।'

रास्ते में भारतीय सैनिक मिले तो हमने उन्हें साथ छुपा लिया, चीनी मार डालते :तुतुन कहानी सुनाते-सुनाते भटक जाते हैं, लेकिन फिर सुनाना शुरू करते हैं- हम थोड़ा आगे बढ़े तो भारतीय सेना के कुछ जवान नजर आए। हमें पता था कि अगर चीनी सैनिकों ने उन्हें देख लिया तो वे उन्हें मार डालेंगे।

चीन के सैनिक आम लोगों पर ज्यादा हमला नहीं कर रहे थे, लेकिन भारतीय सैनिकों की क्रूरता से हत्या कर रहे थे। हमने भारतीय सैनिकों को खाना दिया और कपड़े दिए। उनकी बंदूकों को भी छिपा लिया और काफिले में शामिल कर लिया। वे भी ग्रामीण बन हमारे साथ भूटान के लिए पैदल चल पड़े। तकरीबन 5 दिन बाद हम चखतम (भूटान बॉर्डर) में थे।

22 दिन तक खुले में सोते रहे, पेड़ों पर भूखे-प्यासे बैठे थे सेना के जवान :तुतुन आगे बताते हैं- 'हमने बॉर्डर पर ही रुकना सही समझा। हमें यहां से चीन की गोलीबारी साफ नजर आ रही थी। तोप के गोले हमारे ऊपर से जा रहे थे। भीषण ठंड थी, लेकिन खुले में सोने को मजबूर थे। ठंड से बचने के लिए हम पत्थर की आड़ ले लेते थे।

धीरे-धीरे बॉर्डर पर चारों तरफ से भाग कर आए लोग जमा होने लगे। हम तकरीबन 22 दिन तक ऐसे ही खुले में रहे। इस दौरान भारतीय सेना के जवान भी हमारे साथ ग्रामीण बन कर रह रहे थे। इसके बाद हमें यह पता चला कि चीन बोमडिला तक आ गया है। हमने यहां से आगे बढ़ना ठीक समझा।

घने जंगल पार कर हजारों लोग बलमा पहुंचे। वहां हमें कुछ और इंडियन आर्मी के लोग मिले। उनके पास न खाने को कुछ था और न ही ठंड से बचने के लिए कपड़े थे। हमने उनसे कहा कि वे भी हमारे साथ चलें, उन्होंने पहले आनाकानी की, लेकिन फिर साथ चल दिए। हम जो खाते उन्हें भी खिलाते थे। रास्ते में सेना के कई जवान हमें पेड़ पर भूखे-प्यासे बैठे हुए नजर आए।'

चीन लौट गया, लेकिन तवांग को लाशों का ढेर बना दिया :तुतुन बताते हैं- 'कई दिन पैदल चलने के बाद हम असम के बॉर्डर यानी जोगतिन पहुंचे। वहां हमारी मदद के लिए इंडिया का हेलीकॉप्टर आया। उन्होंने हमारे लिए खाने के पैकेट गिराए। इसके बाद हम एक आर्मी कैंप पहुंचे और वहां आर्मी वालों ने हमें खाना खिलाया। हमारे साथ चल रहे सैनिक अब वापस सेना की बटालियन में शामिल हो चुके थे। वहां कुछ दिन रहने के बाद हम असम के मंगलदेव चले गए। वहां हम खेतों में काम करते और बदले में हमें कुछ पैसे मिलते थे।

पाँच महीने वहाँ रहने के बाद हमें पता चला कि चीन वापस जा चुका है| चीन 20-22 दिन बाद ही भारत से लौट गया था, लेकिन हमें यह जानकारी 5 महीने बाद मिली|

हमने इंडियन आर्मी से घर लौटने को कहा तो उन्होंने हमें अपने वनटन (आर्मी की ट्रांसपोर्ट व्हीकल) में बैठाया और रूपा ब्रिज के पास छोड़ दिया। यहां से हम तवांग के लिए पैदल चल पड़े। सेला से तवांग तक

भारतीय सैनिकों की लाशें बिखरी थीं, चीनियों की बर्बरता हमारी आंखों के सामने थी।'

तवांग में बिखरी लाशों के पीछे भी थी चीन की चाल तुतुन के इस बयान की पुष्टि युद्ध के प्रत्यक्षदर्शियों से बातचीत के बाद लिखी किताब '1962 व्हेन द माउंटेन्स क्राइंग' में भी होती है। फिलहाल तवांग के डायरेक्टर ऑफ इनफॉर्मेशन एंड पब्लिक रिलेशन शुरमो नगवांग चोइडार्क ने इस किताब में चीनी युद्ध के दौरान की घटनाओं के बारे में लिखा है।

इसमें बताया गया है कि तवांग जाने वाले कच्चे रास्ते पर कई किलोमीटर तक सड़े-गले और जलाए गए शव पड़े थे। किताब के मुताबिक, सबसे ज्यादा भारतीय सैनिक न्यूकमडुंग और चाकू में शहीद हुए थे।

लालच देकर तवांग के लोगों को साथ मिलाना चाहता था चीन :1962 की जंग देखने वाले 71 साल के लामा ताशी बताते हैं- 'चीन के सैनिक गोलाबारी करते हुए जैसे-जैसे आगे बढ़ रहे थे, पीछे-पीछे सड़क भी बनाते जा रहे थे। उनकी प्लानिंग भारी तादाद में फोर्स को भारत में दाखिल करवाना भी था।

तवांग पर हमले के बाद उन्होंने स्थानीय लोगों को ज्यादा नुकसान नहीं पहुंचाया। वे कहते थे कि हमारे और उनके चेहरे एक जैसे हैं और हम आपस में भाई-बहन हैं। इंडियन दाढ़ी वाले भूत हैं, इसलिए उन्हें उनके साथ आ जाना चाहिए। चीन के सैनिक कहते थे कि हमसे डरने की जरूरत नहीं है।'

तवांग में जंग के दौरान मौजूद रहे 80 साल के तिशो कामा बताते हैं- 'तवांग को मैंने अपने पसीने से बसाया है। चीन ने जब हमला किया तो यहां जंगल हुआ करता था। उसके फायर किए गोले मेन बाजार में गिरते थे। चीनी हमले के बाद मैं कई दिनों तक अपने पिता और परिवार के साथ जंगल में भूखे-प्यासे छिपा रहा। चीन के जाने के बाद हमने इस शहर में आपस में मिलकर पहले रोड बनाया।'

चीनी लौट गए थे पर सब बर्बाद हो गया था| कई दिनों तक हम भीख मांग कर खाना खाते रहे| मांगने पर लोग हमें चावल,मक्का और नामक

दिया करते थे|

शुगर और नमक का लालच देते, खेत में साथ काम करते थे चीनी सैनिक :तवांग में स्थित देश के सबसे बड़े बौद्ध मठ में मेरी मुलाकात तोंके उरु से हुई। 1962 के दिनों को याद करते हुए तोंके ने बताया- 'अक्टूबर के आखिर में चीन ने जिमीतांग पर हमला किया था। भारतीय सेना उस समय कमजोर थी और संख्या भी कम थी। चीन के सैनिक रात-दिन पैदल चलते हुए आगे बढ़ रहे थे। वे हमें कुछ नहीं कहते थे, वे कहते थे कि नाले में छिप जाओ तो जान बच जाएगी। हमें बाद में पता चला कि दीरम में चीन के सैनिकों ने हमारे जवानों को घेर कर मारा था।'

इसके बाद मेरी मुलाकात भारत-चीन युद्ध को अपनी आंखों से देखने वाले 74 साल के जिन-जा-ची से हुई। वे बताते हैं- 'चीनी सैनिक कहते थे कि अगर घर में रहोगे तो सेफ रहोगे। हालांकि, हमने उनकी बातें नहीं मानी और जान बचाने के लिए हम घर से भाग कर बोमदिला पहुंच गए। भारत में हम पैदा हुए और यही बड़े हुए हैं, आज अगर युद्ध होता है तो अपनी आखिरी सांस तक देश के लिए लड़ेंगे।'

सिर्फ 8 दिन में हार गया था भारत :23 अक्टूबर को 1962 में चीन ने भारत के खिलाफ औपचारिक तौर पर जंग शुरू की थी। चीन और भूटान की सीमा नॉर्थ ईस्ट फ्रंटियर एजेंसी (नेफा) पर चीन के सैनिकों ने भयंकर गोलाबारी शुरू कर दी थी। यह इलाका आज अरुणाचल प्रदेश है, जिस पर चीन अपना दावा करता रहा है।

तुतुन थून बताते हैं कि चीन इस कदर गोलाबारी कर रहा था कि रात में सुबह जैसा उजाला नजर आता था। उस युद्ध में भारत महज 8 दिन में ही हार गया था। उस लड़ाई में भारत के एक हजार से ज्यादा जवान शहीद हुए और सैकड़ों जवानों को चीन ने बंदी बना लिया था।

हालांकि, युद्ध के 60 साल बाद अब वैसी स्थिति नहीं है। खुद रक्षा मंत्री राजनाथ सिंह मानते हैं कि भारत अब मजबूत है और सेना देश की एक-एक इंच जमीन की रक्षा करने में सक्षम है।

1962 में चीन से इसलिए हारा भारत:1962 में भारत की हार की वजहों पर रिटायर्ड लेफ्टिनेंट जनरल संजय कुलकर्णी ने बताया कि अक्टूबर, 1959 में जवाहरलाल नेहरू ने संसद में बताया कि अब NEFA

को फौज संभालेगी। इससे पहले मिनिस्ट्री ऑफ होम अफेयर्स के पास इस इलाके की जिम्मेदारी थी।

आर्मी को इस क्षेत्र का कोई आइडिया नहीं था और 1960 में पहली बार इंडियन आर्मी यहां पर पहुंची। वहां जाने के बाद आर्मी बंकर से लेकर कैंप, खाने-पीने का इंतजाम, कपड़े, हथियार, कम्युनिकेशन, गन (तोप) और लॉजेस्टिक का इंतजाम कर रही थी। हमारे पास मैकमोहन लाइन का कोई ज्ञान नहीं था। न ही हमारे पास बॉर्डर तय करने वाले सही नक्शे थे।

हमारे पास फौज की संख्या भी बहुत कम थी। पंडित नेहरु ने आर्मी से कह रखा था कि वे पाकिस्तान के बॉर्डर का ध्यान दें, चीन के बॉर्डर को हम डिप्लोमेटिक तरीके से संभाल लेंगे। चीन के मुद्दे पर सरकार को क्लियरिटी नहीं थी। वे सोचते थे कि चीन से हमारा युद्ध नहीं होगा।

इसके बाद 4 डिविजन और 7 डिविजन को कहा गया कि आप तवांग की ओर जाओ। उस दौर में भीषण ठंड पड़ती थी। न सड़के थीं, न खुद को गर्म करने का साधन था। ऐसे में सेना को सिर्फ 6 महीने का समय मिला खुद को तैयार करने के लिए।

रिटायर्ड लेफ्टिनेंट जनरल संजय कुलकर्णी ने आगे बताया कि जब युद्ध हुआ तो नीचे से आने वाली फूड सप्लाई पूरी तरह से ठप हो गई। न गरम कपड़े थे और न बूट |यही वजह है कि हमारे सैनिक कई दिन तक भूखे-प्यासे वहां लड़ते रहे।

शहादत के बाद सैनिकों के शव पहाड़ों में कई महीने तक पड़े रहने के सवाल को भी रिटायर्ड लेफ्टिनेंट जनरल ने स्वीकार किया। उन्होंने कहा कि यह इसलिए हुआ कि ये शव अलग-अलग इलाकों में बिखरे हुए थे। हमारे पास फौज की संख्या कम थी। चीन की तीन ब्रिगेड युद्ध क्षेत्र में थीं और हमारी सिर्फ एक। ऐसे में हम उनका मुकाबला नहीं कर सके और हमारी हार हुई।

अरुणाचल प्रदेश के तवांग में भारतीय और चीनी सैनिकों के बीच झड़प के बाद से तवांग शहर में सन्नाटा पसरा है। न कोई बड़ी सैनिक हलचल है और न ही किसी युद्ध की कोई आहट है। यहां के लोगों की चिंता है कि टूरिस्ट चले गए, अब इस सीजन के नुकसान की भरपाई

कैसे होगी। लोग बताते हैं कि हमें तो इस झड़प का टीवी से ही पता चला। युद्ध की अफवाह दिल्ली-मुंबई से उड़ती है और झेलना हमें पड़ता है।

20

भारत-पाक युद्ध-1971

"जितना बड़ा संघर्ष होगा,जीत उतनी ही शानदार होगी।"

जिन लोगों ने इस गाथा को अंजाम दिया उन लोगों ने कभी अपना डंका नहीं बजाया। आइए जानते हैं भारतीय पैराशूट स्पेशल फोर्स के कमांडिंग ऑफिसर कर्नल अवधेश कुमार से भारत-पाक युद्ध 1971 में इस फोर्स की कहानी।

यह एक ऐसे जांबाज टोली की गाथा है जो 1971 की शीतकालीन रात की कड़कड़ाती ठंढ में चुपचाप दुश्मन की चौकियो के पीछे घुसपैठ करने के बाद उसे सबक सिखाने में पूरी तरह सफल हुई। अगली सुबह की किरण के फैलने के पहले ही पाकिस्तान की खौफनाक योजना नेस्तनाबूद हो चुकी थी। योजना के अनुसार दुश्मन हमारे पूंछ-राजौरी सेक्टर को बाकी भारतीय सेना से अलग थलग करके और उस पर कब्जा करके, पाकिस्तान का हिस्सा बनाने का इरादा रखता था। इस युद्ध में पाकिस्तान की मात ही नहीं हुई बल्कि अपनी ही जमीन वह खो बैठा।

यह कहानी है और ब्रावो ग्रुप, 9 वीं बटालियन कमांडो पैराशूट स्पेशल फोर्स रेजिमेंट की। "मेघ दूत फोर्स" ने 1965 में भारत-पाकिस्तान युद्ध के दौरान जो अनुभव प्राप्त किया था उसी के आधार पर, 1 जुलाई 1966 को लेफ्टिनेंट कर्नल मेघ सिंह, वीर चक्र के नेतृत्व में इस विशेष इकाई

का जन्म हुआ था । मेघ दूत फोर्स के जवानों ने इस नयी बटालियन की नींव रखी और वे मौजूदा पैराशूट रेजिमेंट का एक हिस्सा बन गये। उस समय इस शौर्य पूर्ण रेजिमेंट में आठ पैराशूट इन्फैंट्री बटालियन पहले से शामिल थी।

जून 1967 में, 9वीं बटालियन को दो छोटी इकाइयों में विभाजित किया गया| इस तरह ले.कर्नल एन एस उथया के कमान में 10 पैरा कमांडो का जन्म हुआ। 1969 में इन दोनों यूनिटों ने कठिनतम परीक्षण अभ्यासों की श्रृंखला को सफलतापूर्वक पार किया और सर्वोच्च कमांडर यानि भारत के राष्ट्रपति ने इनको बलिदान के निशान से सम्मानित किया और कमांडो की उपाधि दी। इस प्रकार 1971 के युद्ध की पूर्व संध्या पर हमारे पास दो युवा, अत्यधिक प्रेरित कमांडो बटालियन थी | यद्यपि अभी भी वे युद्ध की आग में तप कर महारथी नहीं बने थे। 9 पैरा कमांडो बटालियन जम्मू-कश्मीर के पहाड़ों के लिये थी और 10 पैरा कमांडो बटालियन राजस्थान के रेगिस्तान के लिए। आज इनका सही नामकरण 9 पैरा स्पेशल फोर्सेज और 10 पैरा स्पेशल फोर्सेज हैं और वे अभी भी पैराशूट रेजिमेंट के अंग हैं। प्रत्येक बटालियन के तीन पूर्ववर्ती ग्रुप अब ALPHA टीम, ब्रावो टीम और CHARLIE टीम कहलाते हैं। ग्रुप के नीचे टीम होती है और टीम के नीचे सबटीम। अब टीम के नीचे ट्रूप्स होते हैं और उनके नीचे स्क्वाड। अतः कोई आश्चर्य नहीं कि कठिन प्रोबेशन में सफलीभूत होने के बाद 31 जुलाई 1978 में, मुझे 6 टीम का टीम कमांडर नियुक्त किया गया लेकिन नए नामों के कारण, 13 साल बाद स्टाफ कालेज का कोर्स करके यूनिट में वापस आने पर जून 1991 मुझे ALPHA टीम कमांडर बनाया गया। दो साल बाद यूनिट से बाहर HQ स्पेशल फोर्सेज में पोस्टिंग जाते वक्त भी मैं एक टीम कमांडर ही था।

सियालकोट सेक्टर में तैनात पाकिस्तान के 15 इन्फैंट्री डीवीजन के जनरल ऑफिसर कमांडिंग मेजर जनरल अबिद अली जैदी को पूर्ण आत्म-विश्वास था कि उनकी फौज वक्त आने पर DAGGER के इलाके से भारत के अन्दर गहरी पैठ करने में आराम से कामयाब हो जाएगी। जब उनके डीवीजन को 8 आर्मड ब्रिगेड की कमान भी सौंपी गई तब तो

जनरल साहब की खुशी का ठिकाना नहीं रहा। अब इस ब्रिगेड के टैंक हमले का नेतृत्व करके "DAGGER" की धार को और भी तेज करने का दम खम रखते थे।

पाकिस्तान GHQ का सपना था अखनूर ब्रिज पर एक शानदार नाश्ते का आयोजन करना। लेकिन सितंबर 1965 में मेजर जनरल अख्तर हुसैन द्वारा बनाए प्लान ऑपरेशन GRAND SLAM के अन्तिम वक्त फेल होने से पाकिस्तानी सपना एक सपना ही रह गया था। अब समय आ गया था उस सपने का साकार होने का, निश्चित रूप से इस बार जैदी के हाथों सपना सच साबित होने वाला था। जनरल जैदी को केवल एक चिंता सता रही थी कि, कही अखनूर पर हमला करने का कार्य जनरल इफ्तिखार को न सौंप दिया जाए, जो 23 इन्फैंट्री डिवीजन के कमांडर थे और भारत के छम्ब इलाके के विपरीत इलाके में तैनात थे।

DAGGER वास्तव में अखनूर के दक्षिणी भाग में पाक क्षेत्र का एक संकीर्ण हिस्सा है जो भारत के जम्मू कश्मीर राज्य में चाकू की तरह घुसा हुआ था। यह मूल रूप से चेनाब नदी- और उसकी सहायक नदी चंद्रभागा के बीच एक छोटा सा द्वीप है जिसका क्षेत्रफल लगभग 170 वर्ग किलोमीटर है। द्वीप का मुख्य आधार तवी नदी के किनारे पर स्थित है और आगे जाकर काछी मंडल नाला के पास द्वीप का सबसे कम चौड़ा हिस्सा है जो उत्तर की ओर बढ़ते हुए और कम होते जाता है। फिर यह एक छोटे से सिर के आकार का हो जाता है और अंत में नीचे एक चोंच की तरह संकुचित हो जाता है। नक्शे पर देखने में यह एक मुरगे की गरदन में चोंच की तरह दिखता है।

सियालकोट की तरफ से इस पाकिस्तानी एनक्लेव में आने के लिये चेनाब नदी पर दो प्रमुख स्थल है सैदपुर फेरी और गोंडाल फेरी। अन्य दो स्थान है मजवाल और गंगवाल। DAGGER इलाके की एक और खासियत है कि वह सीधा अखनूर पुल पहुँचने का सबसे छोटा रास्ता है। जम्मू सेक्टर की रक्षा के लिए अखनूर पुल एक अत्यन्त महत्वपूर्ण स्थान है। तेज बहते चेनाब नदी को पार करने के लिए अखनूर ब्रिज ही एक मात्र साधन है। अतः DAGGER क्षेत्र अखनूर पर किसी भी सफल पाकिस्तानी आक्रमण के लिए सबसे शार्टकट मार्ग प्रदान करता

था।अगर एक बार पुल पर कब्जा कर लिया गया तो जम्मू के लिए मार्ग खुल जाता और पाकिस्तानी टैंकों के लिए लगभग एक घंटे का ही रास्ता रह जाता। इससे पूरा पूंछ-राजौरी क्षेत्र भारत से कट जाता और छंब-जौरीयान क्षेत्र की तरफ से भी पूरी तरह पाकिस्तान सेना का भारत में घुसने का रास्ता साफ हो जाता। एक ही झटके में, भारतीय सेना द्वारा 1948 में इतनी मेहनत से हासिल की गई विजय पताका जमीन पर होती ब्रिगेडियर मुहम्मद उस्मान, महावीर चक्र, कमांडर 50 (स्वतंत्र) पैराशूट ब्रिगेड, तथा अन्य पैराट्रूपर्स और भारतीय सेना के वीर जवानों की शहादत पूरी तरह से बेकार हो जाती।

DAGGER इलाके में अभी भी अंधेरा था, लेकिन भारत की ओर आकाश के क्षितिज पर लालिमा छाने लगी थी। हालांकि किसी गाड़ी की लाईट नहीं दिखाई दे रही थी, पर कुछ हल्के वाहनों के इंजनों की बेहद हलकी आवाज बीच बीच में ध्यान देने पर सुनी जा सकती थी। लगभग 20 मिनट पहले, सेकंड लेफ्टिनेंट शशि भूषण खन्ना अचानक एक गहरी नींद से यकायक बाहर निकल आए थे और सेकंड्स में पूरी तरह चौकन्ने हो गए थे। अपने छठी इन्द्रिय के अहसास को ध्यान में रखते हुए, उन्होंने जल्दी से अपने दो स्क्वाड को साथ लेकर भारतीय सीमा की ओर करीब 200 मीटर पर एक सड़क मोड़ के पास पहुंच कर मोर्चा संभाल लिया। वर्तमान जगह पाकिस्तान के भीतर उसके DAGGER इलाके में अंतर्राष्ट्रीय सीमा से लगभग 12 किलोमीटर दूर स्थित गोंडाल फेरी Crossing के पास थी। 4 टीम के बाकी कमांडो फेरी इलाके में ही मोर्चा संभाले हुए थे। इस प्रकार लेफ्टिनेंट शशि अपने 12 कमांडो के साथ सड़क के पास घात लगा कर बैठ गए और चुप चाप बिना हिले डुले इंतजार करने लगे। हालांकि हड्डियों को भी गलाने वाली ठंढ बढ ही रही थी, लेकिन कमांडोज कोई ठंड महसूस नहीं कर रहे थे क्योंकि उनकी दिल की धड़कन काफी तेज हो चली थी। उन्हे इंतजार था पाकिस्तानी सेना की टुकड़ी पर घात लगा कर हमला करने का।

सेकंड लेफ्टिनेंट शशि खन्ना, टीम कमांडर 4 टीम, ब्रावो ग्रुप, 9 पैरा कमांडो,दोपहर 14:30 बजे, 6 दिसंबर अपनी टीम के साथ गोंडाल फेरी के पास पहुंच गए थे। 6 किलोमीटर दूर सैदपुर फेरी था जहां बाकी के ब्रावो

ग्रुप ने मोर्चा संभाला हुआ था। शशी खन्ना सहित 33 कमांडो सरकंडा घास में अच्छी तरह छिपे हुए काफी नजदीक से दुश्मन की गतिविधियों का मुआयना करने लगे।

आखिरकार टीम कमांडर के एक संकेत पर, पहली गोली स्नाइपर राइफल से लगभग 1550 बजे निकली । फेरी क्षेत्र की रक्षा करने वाले 10 पाकिस्तानी रेंजर्स पूरी तरह अचंभित हो गए थे| पंद्रह मिनट के अंदर हमारे कमांडो ने 6 पाकिस्तानी सैनिकों को इस संसार से विदा कर दिया था और बाकी 4 जवान बुलेट ट्रेन की गति से नदी पार करके, 16 किमी दूर सियालकोट की तरफ भाग निकले थे। रेंजर्स के हथियार और उपकरण वही रह गए थे| कमांडोज के हाथ लगी सबसे महत्वपूर्ण चीज थी... मशहूर पाकिस्तानी चाय ब्रांड टप्पल चाय के कई पैकेट।

कमांडो ने खुद को पहले इलाके और जमीन की बनावट अनुसार संगठित किया और पूरी तरह से छिपाव का भी ध्यान रखा। एक बार टीम के तैनात हो जाने के बाद टीम हवलदार, हवलदार बलदेव सिंह ने हर एक सदस्य के लिए चाय का बंदोबस्त किया। लगभग 24 घंटे किसी भी प्रकार के भोजन या चाय के बिना रहने के बाद इस पेय का सब ने मजा लिया।

5 दिसंबर की रात को पाकिस्तान में घुसने के लिए ब्रावो ग्रुप ने छाती भर पानी से गहरी नदी को पार किया था। अतः जो भी पहले से पका खाना साथ में था वह बहुत गीला होकर खराब हो चुका था।

घात लगाए जमीन पर लेटे हुए, शशी खन्ना सपनों में खो गए | वे चंडीगढ़ के रॉयल एन्फिल्ड के शो रूम में थे। दिसंबर 1969 में IMA देहरादून से वो सीधे 9 बटालियन में कुछ महीनों के लिए पहुँचें थे और अब कुछ दिनों में वह कैप्टन बनने जा रहे थे। वह अपने सपनों की मोटर साइकिल खुद अपने पैसों से खरीदने जा रहे थे । शो रूम की यात्रा के बाद, वह अपने पसंदीदा ढाबे में चले गए जहाँ वे अति स्वादिष्ट तंदूरी चिकन खा रहे थे। तभी उनके कंधे पर बगल में लेटे जवान ने थपकी दी और शशी साहब चौंक कर वास्तविक दुनिया में लौट आए। अगले पल, तीन Willy जीप, बिना कोई लाइट के मोड़ के पास आती दिखी। खन्ना ने राकेट लाचंर फायर करने का आदेश फुसफुसाकर दिया और दूसरे ही

पल एक धमाका हुआ और आगे वाली जीप आसमान में उठी और एक दूसरे धमाके के साथ नीचे गिरी । अगले कुछ मिनटों के लिए सभी 12 कमांडो बचे दो जीपों पर फायर करते रहे। इतनी भारी तादाद में फायरिंग से बाकी दोनों जीप आग की लपटों में घिर गई और धमाके से फट गई । अगले कुछ मिनटों के लिए पिन ड्रॉप चुप्पी छाई रही । लेफ्टिनेंट शशी वाहनों का निरीक्षण करने के लिए अपनी जगह से उठने लगे लेकिन वे उठ नहीं पाए। अचानक उन्हे बहुत ठंड महसूस होने लगी और उनके लिए सब कुछ एक धीमी गति की फिल्म की तरह चलने लगा। अपने कपड़ों पर उन्हें गीलापन महसूस हो रहा था और लग रहा था कि बांऐ कन्धे से कुछ रिसाव हो रहा है। फिर चीजें धुंधली होनी शुरू हो गई और आंखों के सामने अँधेरा छाने लगा। ठीक बेहोश होने के पहले उन्हे दूर से आती हुई आवाज सुनाई दी - "साहिब को गोली लग गई है।

होश में आने पर लेफ्टिनेंट शशी खन्ना ने देखा कि दोपहर हो चुकी थी और उनके कन्धे की पूरी तरह से पट्टी की गई थी। सौभाग्य से गोली बिना किसी भी बड़े नुकसान के कन्धे से आर पार हो गई थी। उनको होश में देख 4 टीम के सेकंड इन कमांड सुबेदार दूनी चंद ने खन्ना साहब को बधाई देते हुए कहा "साहब, हमारा ऐम्बुश सफल रहा |दुश्मन के एक अफसर और 11 जवान तथा तीन जीप का सफाया हो गया|" अपने कमांडर को घायल होते देख, सुबेदार दूनी चंद ने तुरन्त कमान संभाल लिया था। मिनटों में First Aid देने के बाद, लेफ्टिनेंट शशी खन्ना साहब को उठा कर ऐम्बुश पार्टी वापस फेरी इलाके के मोरचे पर आ गई थी। फिर साहब की अच्छी तरह से पट्टी की गई और साथ में ग्रुप कमांडर मेजर नरेंद्र राठौड़ को रेडियो सेट पर सारी जानकारी दे दी गई थी।

ऐम्बुश के 30 मिनट के अन्दर, पाकिस्तानी तोपो ने भयंकर गोला बारी शुरू कर दी। इसके बाद भी पाक तोपखाने द्वारा गोंडाल फेरी साइट पर छिटपुट गोलीबारी चलती रही। 4 टीम अपने मोरचे पर डटी रही और स्थिति पर काबू रखा। हालांकि छिटपुट गोले कुछ और समय के लिए गिरते रहे। पूरी स्थिति शाम तक नाजुक बनी रही क्योंकि 8 कैवलरी के टैंकों का, जो लिंक अप फोर्स का हिस्सा था, उनका कोई अता पता

नहीं था। अंत में 3/5 गोरखा राइफल्स के कमांडिंग ऑफिसर लेफ्टिनेंट कर्नल जगमोहन रावत, स्वयं गोरखों की एक कंपनी के साथ गोंडाल फेरी स्थान पर पहुंचने में सफल हुए। जैसे ही गोरखा कंपनी ने मोरचा संभालना शुरू किया कि भारी गोलाबारी फिर से शुरू हो गई। कर्नल रावत को अपनी दूसरी कंपनियों के पास वापस जाना था। अतः गोला बारी कुछ देर बंद होने के दौरान, मेजर राठौर से बात करने के बाद, कर्नल रावत अपनी जीप में घायल लेफ्टिनेंट खन्ना के साथ वापस चल दिए।

क्लासिक फिल्मी स्टाइल में तोप के गोले एक के बाद एक उनकी जीप के पीछे गिरते रहे जैसे की वे जीप का पीछा कर रहे हो। शाम का अंधेरा होने के पहले आखिरी रोशनी के समय 8 कैवलरी के टैंक भी वहाँ पहुँच गए। लगभग 48 घंटे के अंतराल के बाद गोरखा कंपनी के जवानों ने पैराशूट कमांडोज को पका भोजन खिलाया। गोरखाओं को धन्यवाद देने के बाद छिटपुट गोलाबारी के बावजूद कमांडोज आवश्यक नींद खींचने में मगन हो गए। मध्य रात्रि तक लेफ्टिनेंट शशि खन्ना भी एक एम्बुलेंस ट्रेन में लेटे हुए जलंधर की तरफ तेजी से बढ़ रहे थे।

8 दिसंबर को सुबह 10 बजे, सुबेदार दुनी चंद की कमान में,4 टीम गोंडाल फेरी स्थान से सैदपुर फेरी के लिए रवाना हो गई और लगभग दिन में 2 बजे ब्रावो ग्रुप के साथ जा मिली।

1971 में हमारे सैनिकों और अधिकारियों के उच्च मनोबल के बावजूद, पाकिस्तान को समय और हमले के स्थान को चुनने का फायदा मिला हुआ था। पुंछ-राजौरी तथा छम्ब- अखनूर-जम्मू क्षेत्र में भारत पर बहुत ही अधिक दबाव बना हुआ था। किसी भी कीमत पर, कम से कम "डैगर" के इलाके से तो पाकिस्तान के किसी भी हमले को हर हाल में रोकना था। इस बात को जम्मू क्षेत्र के लिए जिम्मेदार भारतीय 26 इन्फैन्ट्री डिवीजन के कमांडिंग जनरल अच्छी तरह से समझते थे। हालांकि अखनूर क्षेत्र पर मंडराते खतरे को काफी हद तक कम कर दिया गया था, क्योंकि अब उस इलाके की जिम्मेवारी एक नए डिवीजन 10 इन्फैन्ट्री डिवीजन की थी। लेकिन सिर्फ इससे भारत को कुछ हासिल नहीं होने वाला था।उसके लिए जनरल के हिसाब से भारतीय सेना को सियालकोट की तरफ बढ़ना चाहिए था। हालांकि जम्मू की रक्षा हर

कीमत पर करनी थी और इसकी जिम्मेवारी 26 डिवीजन को मिली हुई थी। इस भूमिका में तैनात 26 डिवीजन के एक एक ब्रिगेड समूह..... दमाना, जम्मू, मिरांसाहिब और सांबा में तैनात थे। रक्षात्मक भूमिका के बावजूद जनरल साहब हमेशा सियालकोट पर हमला करने का मन ही मन प्लान बनाते रहते थे। उनके अनुसार इस प्रकार के हमले से छम्ब — जौरियान क्षेत्र से पाकिस्तान को सियालकोट के बचाव के लिए अपनी कुछ सेना हटानी पड़ती । इस से यह निश्चित था कि छम्ब ... जौरीयान क्षेत्र में पाकिस्तानी की भारी श्रेष्ठता और जमीनी बनावट का लाभ कम हो जाता।

मेजर जनरल जोरावर चंद बख्शी , महावीर चक्र, वीर चक्र, विशिष्ट सेवा मैडल प्राप्त भारतीय सेना के सबसे ज्यादा अलंकृत अधिकारी थे। 1971 के युद्ध के पश्चात उन्हें परम विशिष्ट सेवा मैडल से सम्मानित किया गया और वे लेफ्टिनेंट जनरल के रूप में सेवानिवृत्त हुए| उन्हें उनके साथी प्यार से जोरू के नाम से पुकारते थे। वे 15 कोर कमांडर, लेफ्टिनेंट जनरल सरताज सिंह, दि गनर द्वारा सौंपी गई भारी जिम्मेदारी को भलीभाँति महसूस करते थे लेकिन इस रक्षात्मक भूमिका उनको रास नहीं आ रही थी। उन्होंने अपने बॉस को काफी मनाने, समझाने का प्रयास किया कि उनकी डिवीजन को एक आक्रामक भूमिका दी जाये। उन्होंने विनती की, बहस भी किया और यहाँ तक की लड़ भी गए पर सरताज सिंह टस से मस नहीं हुए। जब सेना अध्यक्ष सैम बहादुर का जम्मू आगमन हुआ तो चीफ के समक्ष भी जोरू ने यह प्रस्ताव रखा लेकिन कोई फायदा नहीं हुआ। सैम ने स्पष्ट रूप से उनसे कहा था "जम्मू क्षेत्र में एक इंच भी जमीन खोना हमारे लिए सामरिक तथा राजनीतिक दृष्टि से आत्मघाती होगा अतः स्वीकार्य नहीं है। और इसलिए मैं आप पर अपना पूरा विश्वास जता रहा हूं और आप मुझे गलत साबित नहीं करेंगे "। सैम की तरफ से ज़ोरू को एक और संकेत मिला, "जब गुब्बारा ऊपर जायेगा तो कूच करने का काम पश्चिम की ओर हो सकता है| यह 10 वीं डीवीजन के जनरल जसवंत सिंह द्वारा अखनूर के इलाके से किया जाए।

जनरल ज़ोरू ने हमले की अपनी योजना पर सोचने का काम कभी नहीं छोड़ा। जब भी उन्हें अपने कार्यालय में बैठने का मौका मिलता था, तो वह अधिकतर समय दीवार पर लगे हुए बड़े से मानचित्र की ओर देखते रहते थे। 15 नवंबर 1971 के आसपास, जब वह अपने कार्यालय में बड़े नक्शे को देख रहे थे कि टेलीफोन की घंटी बजी। यह कोर कमांडर से एक फोन था "ज़ोरू, आपको एक खुशखबरी दे रहा हूँ। मैं आपको जिंद्रा में रहने वाले कुछ "शरारती" लोगों को आवंटित कर रहा हूं। मेजर नरेंद्र राठौड़ और उनके जवान पहले ही जम्मू हवाई अड्डे में डेरा डाले हुए हैं। आप उनसे क्या काम लेंगे अपनी सोच का प्रयोग करें।" अचानक जनरल ज़ोरू अत्यधिक खुश हो गए थे। वह जिंद्रा में रहने वाले लोगों को बहुत अच्छी तरह से जानते थे । वह जगह जम्मू से लगभग 30 किलोमीटर दूर जम्मू – उधमपुर के बीच में स्थित था। जनरल साहब के चेहरे एक चमक आ गई थी और अब उनके मन में पहले से चल रहा प्लान एक ठोस आकार लेने लगा............Dagger का आकार अब उनको एक मुर्गे के गरदन जैसा दिखने लगा। जोरू ने अपने जनरल स्टाफ ऑफिसर को बुलाया और कहा कि वह तत्काल प्रभाव से चिकेन नेक को मरोड़ने का प्लान बनाना शुरू कर दें। फिर उन्होंने अपने ADC से कहा कि पता लगाओ मेजर राठौड़ 9 पैरा का, जो कहीं जम्मू एयरबेस के अंदर हैं और उन्हें फौरन डिवीजनल मुख्यालय में मेरे ऑफिस में रिपोर्ट करने के लिए कहो।

मेजर नरेंद्र सिंह राठौर या जिमी, जयपुर, राजस्थान के वीर राजपूत योद्धा थे। वह हमेशा शांत और संयत रहते थे। 1964 में वे सिख रेजिमेंट में कमिशन हुए थे और 1965 के युद्ध के एक अनुभवी योद्धा थे। उन्होंने 9 कमांडो की स्थापना के तुरंत बाद वहाँ अपनी सेवाएं देने के लिए स्वतः तैयार हुए थे और अब वे ब्रावो ग्रुप कमांडर थे। वह अपने काम को एक व्यवस्थित तरीके से करते थे। अपने अधीनस्थों को प्रारंभिक कामकाज बताने के बाद आम तौर पर हस्तक्षेप नहीं करते थे। वह सभी चल रही चीजों पर नजर रखते थे और जहां कहीं भी आवश्यक होता था वहां सहायता जरूर देते थे। उनके टीम कमांडरों को नियमों के भीतर रह कर अपने काम को करने की पूर्ण स्वतंत्रता थी। ब्रावो ग्रुप के लिए वे एक

पिता समान थे, वह एक सच्चे राजपूत सरदार थे।

नवंबर के पहले हफ्ते में ब्रावो ग्रुप जिंद्रा से जम्मू हवाई अड्डे के अन्दर स्थानांतरित हो गया था। कमांडिंग ऑफिसर लेफ्टिनेंट कर्नल ओ पी सभरवाल, सेना मैडल, ने जिमी को हेलिबोर्न मिशन के लिए पूर्ण रूप से तैयारी करने को कहा था, जिसका कहीं दुश्मन के इलाके में होने का अंदेशा था। अब जम्मू में स्थित वायु सेना हैलीकाप्टर इकाइयों के चलते, ब्रावो ग्रुप ने सभी आवश्यक हवा और जमीनी अभ्यासों में महारत हासिल कर लिया था और वे किसी भी स्थिति के लिए तैयार थे।

जनरल जोरू ने अपने ऑफिस में खड़े मेजर राठौड़ का गर्मजोशी के साथ स्वागत किया। जनरल ज़ोरू के दिल में पैराट्रूपरों के लिए वाकई एक उच्च स्थान था। 1965 में वे ब्रिगेड कमांडर थे जिसके तहत मेजर रणजीत सिंह दयाल, महावीर चक्र, 1 पैरा बटालियन, ने 1965 के युद्ध के दौरान हाजीपीर गली पर कब्जा किया था। जनरल जोरू 9 पैरा से अनजान नहीं थे। डीवीजन की कमान सँभालने के बाद, उन्हें फिर एक मौका मिला था कर्नल सभरवाल और उनके अधिकारियों के साथ जिंद्रा में एक शाम बिताने का। इसके अलावा लगभग हर पखवाड़े जम्मू शहर में उनके सैन्य पुलिस का 9 पैरा के साथ कोई न कोई टकराव जरूर हो जाता था। इसकी रिपोर्ट जनरल साहब को और भी मिर्च मसाला लगा कर दी जाती थी। इसलिए उन्हें आश्चर्य हुआ कि ब्रावो ग्रुप पिछले 20 दिनों से जम्मू एयरफील्ड में डेरा डाले हुए था लेकिन वह इस तथ्य से अनजान थे और उन्हें इसकी भनक तक नहीं मिली थी।राठौड़ ने कहा, "सर, अब हम लोग आपरेशन के लिए तैनात हैं, इसलिए बिना शोर शराबे के चुपचाप बैठे हुए है।"

जनरल साहब अपनी कुरसी छोड़, दीवाल पर लगे मानचित्र के पास गए और पॉइंटर स्टिक लगाकर मेजर राठौड़ की ओर देखा। जिमी की प्रतिक्रिया हुई "सर, पाकिस्तानी फुकलियान क्षेत्र"। मैं बहुत खुश हूँ कि आप ने इसे DAGGER इलाका नहीं बोला। मुझे अगर मौका मिलता है, तो मैं सियाला और माराला हेड वर्क्स की ओर देखूंगा जो आपके ग्रुप के लिए एक प्रमुख कार्य बन सकता है। हालांकि, पहले मैं इस CHICKEN NECK SALIENT को समाप्त करना चाहता हूं और आप इस गर्दन

को मरोड़ने में मेरी पूरी मदद करेंगे। 19 इन्फैंट्री ब्रिगेड के साथ तालमेल करके, आप सैदपुर फेरी को जायेंगे जो दुश्मन के इलाके में लगभग 10 किलोमीटर अंदर है और उसको सुरक्षित करेंगे। सैदपुर फेरी के माध्यम से ही दुश्मन टैंकों और REINFORCEMENT तथा साजो सामान का आना होगा इससे उनकी संख्या और बढ़ जाएगी। अतः उन्हें हर कीमत पर रोकना होगा। आप लोग इलाके की हवाई और जमीनी टोह सतर्कता पूर्वक ले सकते है। लेकिन इस दौरान हमारी सब बातचीत अपने आप पास ही रखें किसी तीसरे को भनक तक नहीं मिलनी चाहिए। अगर हम लोग इस हमले पर अमल करते है तो 19 ब्रिगेड आपके साथ संपर्क करेगा, आगे की प्लानिंग के लिए।

सेकंड लेफ्टिनेंट वीरेन्द्र कुमार बाली, पिछली दो रातों से सो नहीं पाए थे। हालांकि बाहरी रूप से शांत दिखने के बावजूद, वह एक अत्यन्त ही चिंतित व्यक्ति थे। ब्रावो ग्रुप को घोर अँधेरे में, दुश्मन के सैदपुर फेरी क्षेत्र में खोए बिना पहुँचाने की जिम्मेदारी, ग्रुप कमांडर द्वारा बाली को सौंपी गई थी।

वीरेन्द्र बाली सितम्बर 1971 में ऑफिसर्स ट्रेनिंग अकादमी, मद्रास से pass out हुए थे और 30 सितंबर को एक महीने के कमांडो प्रोबेशन (आजकल इसकी अवधी छह महीने की है) के लिए 9 पैरा में पहुँच गए थे। यह परिवीक्षा दुनिया भर के सभी देशों के 'एयरबोर्न फोर्सेज' में एक महीने से लेकर तीन महीने तक की अवधि तक की होती है, आम तौर पर एक Volunteer की शारीरिक और मानसिक मजबूती को मापने के लिए। स्पेशल आपरेशन बलों में जैसे कि जर्मनी का GSG 9, भारत का NSG और भारतीय वायु सेना का GARUD, कार्मिकों का चयन करने के लिए ऐसी परिवीक्षा करीब तीन महीने की होती है। हालांकि स्पेशल फोर्सेज, अर्थात् ब्रिटिश SAS, अमेरिकन Delta और SEAL, इस्रायल के Sairet Maitkal एक दोहरे उद्देश्य से छः महीने की परिवीक्षा करवाते हैं। पहला उद्देश्य है शारीरिक, मानसिक, मनोवैज्ञानिक और भावनात्मक उपयुक्तता का पता लगाने की कोशिश करना है। यह भी कोशिश की जाती है कि पता चले की किस सीमा तक कमांडो बिना टूटे हुए सभी प्रकार के दवाब को झेल सकता है। दूसरा उद्देश्य होता

है यह सुनिश्चित करना कि परिवीक्षा अवधि के अंत तक चुने जाने की संभावना रखने वाले कम से कम स्पेशल फोर्सेज के मूलभूत ज्ञान में पूरी तरह प्रशिक्षित हो जाए। जिससे कि स्पेशल फोर्सेज में शामिल होने पर यदि तत्काल आपरेशन में जाना पड़े तो वह बोझ नहीं बने बल्कि अपना दायित्व निभा सके।

अगली सुबह का बिना इंतजार किये लेफ्टिनेंट बाली का प्रोबेशन चाय के एक कप के तुरंत बाद शुरू हो गया। अगला एक महीना लेफ्टिनेंट बाली के लिए पूरा नरक समान था। फिर 31 अक्टूबर को दोपहर के आसपास, एडजुटेंट के कार्यालय में, उन्हें एक बड़ा व्याख्यान दिया गया जिसमें पूरे महीने के दौरान की गई उनकी सभी कमजोरियों और गलतियों को अच्छी तरह से उजागर किया गया था। कहा गया था कि बाली जैसा बेकार अफसर आज तक नहीं देखा गया था। किसी एक इन्फैन्ट्री यूनिट का अब दुर्भाग्य होगा कि अब अगले पांच साल उसे बाली को झेलना पड़ेगा। लेफ्टिनेंट बाली को कहा गया की वो अपने कमरे में जाएँ,अपना सामान पैक करें, ऑफिसर मेस के बिलों का भुगतान करें और मैस हवलदार से अपना मूवमेंट ऑर्डर लेकर बटालियन में वापस जाएँ| यह एक तरह से बहुत ही अपमानजनक विदाई का आदेश था क्योंकि लेफ्टिनेंट बाली ने कमांडो बनने के लिए एक महीने में रात दिन अपना खून पसीना एक कर दिया था और परिणाम था बटालियन में वापसी |वह भी मेरून टोपी के बिना जो एक कमांडो की पहचान और सम्मान की निशानी है|

अपने कमरे में पहुंचने पर, उन्होंने पाया कि उनका सामान पहले से ही उनके सहायक द्वारा पैक कर दिया गया था। उसने भी बाली को दिलासा दिया कि पैराशूट रेजिमेंट में न चुने जाने से कुछ नहीं होता, पंजाब रेजिमेंट उतनी ही अच्छी है। यह जानते हुए कि साहब का वेतन अभी भी बैंक में नहीं आना शुरू हुआ था, सहायक ने मेस बिल देने के लिए और अपनी नई यूनिट जाने के लिए भी उन्हें पैसे देने की पेशकश की। बाली काफी परेशान नजर आ रहे थे| उनका पैरा कमांडो बनने का सपना दिन रात की कड़ी मेहनत के बाद भी टूट गया था| अब उन्हे अपनी बटालियन में वापस जाना होगा| यह बहुत अपमानजनक था!

वे इससे सोच में डूबे हुए अपने कमरे से अफसर मेस की ओर निकले। मैस लाउंज में प्रवेश करने पर, वहां 9 पैरा के सभी अधिकारियों को इकट्ठा देख लेफ्टिनेंट बाली काफी आश्चर्यचकित हुए। उन्हें देखकर, मेजर राठौड़ ने कहा, "क्या तुम अभी तक गए नहीं ? ठीक है अब आ ही गए हो तो आओ और कमांडिंग ऑफिसर को अलविदा कह कर जाओ ।" कमांडिंग ऑफिसर बार में खड़े थे और बाली ने उनका अभिवादन किया। तभी मेस वेटर बलबीर सिंह अचानक दिखाई दिए। बलबीर सिंह के हाथ में एक ट्रे थी और उसमें एक ग्लास थी, जिसमें पटियाला पेग रम के साथ थी एक "मेरून टोपी" जो उन्हे दी जाने वाली थी| यह सब लेफ्टिनेंट बाली को सरप्राइज देने के लिए नाटक रचा गया था | लेफ्टिनेंट बाली को अब 9 पैरा का हिस्सा बना लिया गया और वे कमांडर 6 टीम, ब्रावो ग्रुप, 9 पैरा कमांडो नियुक्त हुए। एक कमांडो को कठिन प्रशिक्षण के बाद ही "मेरून टोपी" मिलती है| यह टोपी मिलना बड़े गर्व की बात है| लेफ्टिनेंट बाली बहुत खुश थे| उनके साथ तो उन्हे रिजेक्ट करने का नाटक किया जा रहा था जिसे वे समझ नहीं पाए थे| वास्तव में वो एक अच्छे कमांडो थे|

GOC के साथ बैठक के बाद मेजर राठौड़ वापस आए। अब चीजें तीव्र गति से आगे बढ़ने लगी। इस अवसर पर भारतीय वायु सेना के हैलीकाप्टर इकाइयों ने भारी मदद की |लेफ्टिनेंट बाली तो अब वास्तव में इन हेलिकॉप्टर की सवारी का आनंद लेने लगे थे। 'जालीम सिंह' ग्रुप इंटेलिजेंस एनसीओ हमेशा उनके साथ होते थे। ज़ालिम का वास्तविक नाम नायक मुखतियार सिंह था, लेकिन उनके "शिकार कौशल " की वजह से विशेष रूप से जंगली सूअरों के शिकार के कारण उनको जालिम नाम से जाना जाता था। इस प्रकार के नामकरण का एकमात्र विशेषाधिकार था केवल कैप्टन तेज स्वरूप पाठक का। इसके अलावा पाठक पूरे ग्रुप के DISCIPLINARIAN थे। लेफ्टिनेंट बाली को आईबी / एलसी के लगातार उल्लंघन के साथ साथ हवाई और जमीन की निगरानी का जोखिम भरा काम करने में उतनी घबराहट नहीं होती थी जितनी की Recce के बाद 2IC के Debriefing में। बहुत जल्द सभी अधिकारी, जेसीओ और एनसीओ ने चिकन नेक के अंदर सभी प्रमुख स्थलों को याद कर लिया । उसके बाद सभी जवानों की बारी थी, जो सैंड

मॉडल के माध्यम से ऐसा करने में सफल हुए थे। माडल बनाने का काम जालिम सिंह का और ग्रुप के चैंपियन क्रॉस कंट्री धावक नायक भगवान सिंह का था। इसके अलावा ग्रुप कमांडर की सलाह पर, नेविगेशन पार्टी ने आईबी के उपर भारतीय गांव मचियाल से लेकर चिकन नैक के अंदर सैदपुर फेरी साइट तक के पूरे मार्ग को रट कर याद कर लिया था।

बाली ने बीएसएफ के एक पोस्ट जो सैदपुर फेरी के सामने था वहां दो दिन भी बिताए थे। ज्यादातर समय वे जमीन से 40 फीट ऊपर एक पेड़ पर मचान पर बैठ कर सामने चीकेन नेक क्षेत्र में दूर अन्दर तक निगरानी करते रहे। पूरे समय वे इस बात से अनभिज्ञ थे कि उन पर भी कोई निगरानी रख रहा था।अंत में एक पाकिस्तानी कैप्टन सामने सीमा के पास आया, और अपना हाथ हिलाया और बाली को आमंत्रित किया खाने पर और साथ में बीयर पीने के लिए।

05-06 दिसंबर 1971 की रात, लगभग 9.30 बजे ब्रावो ग्रुप का पाकिस्तानी सीमा में अंदर प्रवेश प्रारम्भ हुआ। एक के पीछे एक की पंक्ति में कमांडोज एक-एक करके अंतरराष्ट्रीय सीमा को पार करने लगे। अब सामने आने वाला कोई भी एक दुश्मन हो सकता है, जब तक कि वह जल्दी से सही पास वर्ड नहीं बोल देता। 6 टीम घुसपैठ का नेतृत्व कर रही थी। सबसे आगे नायक ओम प्रकाश चल रहे थे और उनके पीछे उनकी सब टीम और उसके ठीक पीछे नेविगेशन पार्टी और फिर बाकी 6 टीम।

ब्रावो ग्रुप के अधिकारी वहां उपस्थित थे जब 19 इन्फैंट्री ब्रिगेड कमांडर, ब्रिगेडियर मोहिन्दर सिंह ने 5 दिसंबर की सुबह अपनी अंतिम ब्रीफिंग दी थी। खुफिया जानकारी के अनुसार दुश्मन की स्थिति इस प्रकार थी .... बार्डर पोस्टों पर सीमा के साथ साथ पाकिस्तानी रेंजर्स की छह कंपनियां तैनात थीं। अन्दर के इलाके में नियमित पैदल सेना के 36 पंजाब बटालियन ने मोर्चा संभाल रखा था। उसकी सहायता के लिए एक या दो ट्रूप टैंक के थे, मोर्टार की एक बैट्री और कुछ Recce & Support युनिट की टुकड़ियाँ भी थी।

हमारी हमला करने वाली फौज 19 ब्रिगेड का हिस्सा थ | इसमें 11 GUARDS, 3/5 गोरखा राइफाल्स, 7/11 गोरखा राइफल्स और 8

कैवलरी का एक टैंक स्क्वाड्रन (14 टैंक) शामिल थे और साथ में लगभग इंजीनियरों की एक पूरी रेजिमेंट भी थी। करीब 10 आर्टिलरी बैटरियां (60 तोप) हमले की मदद के लिए फायर देने के लिए पूर्ण रूप से तैयार थी।

ब्रिगेड की योजना के अनुसार एक बटालियन को टिब्बा क्षेत्र पर कब्जा करना था, जबकि एक अन्य बटालियन घाग नाला के माध्यम से अपना रास्ता बनाकर अंत में गोंडाल फेरी पहुंचना था और उस पर कब्जा करके फिर सैदपुर फेरी में कमांडोज के साथ मिलाप करना था।। उसके बाद तीसरे बटालियन का काम था फुकलीयान क्षेत्र को पूरी तरह मुक्त कराना, यह क्षेत्र CHICKEN NECK इलाके का मुख्य और सबसे चौड़ा इलाका है।

4 दिसंबर को दिन में मेजर राठौड़ 19 इन्फैंट्री ब्रिगेड मुख्यालय मे पहुँच गए थे। ग्रुप ने शाम को कैप्टन तेज पाठक के तहत Concentration वाले इलाके के लिए कूच किया और बॉर्डर के करीब रात के 11 बजे के आसपास मच्छीयाल गांव में पहुंचे। दिन के समय में आराम करते हुए कमांडोज का प्लान था बॉर्डर के पास अपने माईन फील्ड्स को रात 8.30 बजे के बाद ही पार करना था। 1965 की लड़ाई के दौरान तथा बाद में इन इलाकों में बार-बार माईन लगाए गए थे और हटाए गए थे। इलाके का रेतीला होना, सालाना मॉनसून के समय अनगिनत जल धाराओं का बहना और ऊंचे सरकंडा घास के बढने से माईन फील्ड का मानचित्र एकदम ही भरोसेमंद नहीं थे। हालांकि 3/ 5 गोरखा के वीर गोरखाओं ने अपनी जान को जोखिम में डाल कर, कमांडोज के लिए उस बहुत ही खतरनाक माईन क्षेत्र को पार करने के लिए एक साफ रास्ता बना दिया था।

पाकिस्तान के अंदर एक किमी चलने के बाद, नदी आ गई। याद रखे हुए भूमि के निशानों के सहारे सही क्रॉसिंग स्थान का पता लगाने में कुछ ही मिनट लगे। इसके बाद ड्रिल के अनुसार, बिना कोई आवाज किए, 6 टीम ने छाती जितनी गहरी, तेजी से बह रही नदी को पार करना शुरू किया। पानी बहुत ठंडा और जमने के करीब था लेकिन हर किसी ने यह बात दिमाग से निकाल दिया था। चारो ओर घोर अंधेरा था, पर आकाश

में चारों ओर दिवाली जैसा समारोह हो रहा था। तोपों के फायरिंग की गड़गड़ाहट, मशीन गनों की तड़तड़ाहट, भारत या पाकिस्तान की ओर जाने वाले गोलों की बजाती हुई सीटियां और फिर तोप के गोलों के फटने की भयानक आवाज़ ... कमांडोज सुन और देख रहे थे।फिर भी बिना हिचकिचाहट के वे आगे बढ रहे थे और हर मिनट पाकिस्तान में उनकी पैठ गहरी होती जा रही थी।

नदी पार करने के बाद, कमांडोज बांए मुड़े और दो किलोमीटर चलने के बाद, दिशा यंत्र पर नाक के सीध में सीधा सैदपुर के लिए चलना शुरू कर दिया । कैप्टन तेज पाठक अपनी पार्टी के साथ 5 टीम से आगे चल रहे थे। सुबेदार तेजा सिंह दधवाल उनके ठीक पीछे चल रहे थे। तेज पाठक ने घने अंधेरे में चलते हुए महसूस किया कि वे एक छोटे से घाटीनुमा इलाके में उतरे हैं जो सरकंडो से भरा हुआ था।फिर जैसे ही वे ऊपर निकले वह जगह केवल घास का बहुत छोटा मैदान था। तभी अचानक बगल से 15-20 गज की दूरी पर एक 5 सैनिकों की टोली भी निकली।वे धीमी आवाज में बातचीत कर रहे थे। तेज पाठक ने दबी आवाज में उनको चुप रहने के लिए डांट लगाई। फिर अचानक उन्होंने गौर किया कि उसने जो शब्द सुना है वह उर्दू भाषा का था ! अब तो यकीन हो गया कि वे पाकिस्तानी सैनिक थे ।भारतीय कमांडोज पाकिस्तानी रेंजरों की तुलना में तेज साबित हुए। पाठक और दो और कमांडोज ने अपने साइलेंसर कार्बाइन से फायर कर दिया और पाकिस्तानी रेंजर का गश्ती दल वहीं ढेर हो गया । ग्रुप कमांडर को लगभग 5 मिनट लग गए कमांड और कंट्रोल हासिल करने में। फिर टोली आगे चल पड़ी ।

6 दिसंबर को रात 1 बजे तक, कमांडो बेस की स्थापना सैदपुर फेरी से लगभग एक किलोमीटर की दूरी पर एक उठी हुई जमीन पर हुई जो कि लंबे सरकंडों द्वारा अच्छी तरह से ढका हुआ था। फेरी साइट पर कब्जा करने के लिए तुरंत 6 टीम रवाना हो गईं। अंतिम 200 मीटर के करीब पूरी टीम जमीन पर रेंग रही थी। बाली और उनके लड़ाके फेरी साइट पर दुश्मन के मोरचे का 50 गज से भी नजदीक से करीब 10 मिनट तक मुआयना करते रहे। देखने के बाद, सभी कमांडो ने पूरे 3 मिनट के लिए फायर खोला और जारी रखा।। दुश्मन स्तब्ध हो गया।। उनकी तरफ से

कुछ छिटपुट फायर आया। सटीक जवाबी कार्यवाई ने उन्हें हमेशा के लिए चुप कर दिया। 06 दिसंबर को सुबह 3 बजे पौ फटने तक, सैदपुर फेरी भारत के कब्जे में था। एक रेंजर इंस्पेक्टर ने अपने सात जवानों के साथ पाकिस्तान की रक्षा में अपना जीवन न्योछावर कर दिया था; बाकी अंधेरे में गायब हो गए थे।

करीब दो घंटे बाद काछी मंडल की तरफ से एक अन्य पाकिस्तानी रेंजर पेट्रोल आता दिखा। पीछे की ओर लगी हमारी मशीन गन सेक्शन ने उन्हें देख लिया। नायक मिल्कियत सिंह और लांस नायक अनंत राम चारों रेंजरों का कुछ मिनटों तक इंतजार करते रहे। रेंजर पैट्रल ने भी उनको देखा पर उन्हें पाकिस्तानी रेंजर समझते हुए उन्हें पाकिस्तानी क्षेत्र में भारतीय सेना के घुसपैठ की चेतावनी दी। वो ज्यों ही नजदीक आए उन्हे हमारी मशीनगनों ने ढेर कर दिया।

फेरी इलाके पर कब्जा करते ही, नदी के पार से दुश्मन ने छोटे हथियारों से भारी मात्रा में फायरिंग किया। उसके बाद पाकिस्तान द्वारा बहुत भारी मात्रा में तोप की गोलीबारी भी हुई। मेजर संधू, 216 मीडियम रेजिमेंट के तोपखाना अधिकारी, इस अवसर पर पहुंचे। उन्होंने नदी के ऊपर स्थित पाकिस्तानी ठिकानों पर बहुत सटीक और भारी गोलाबारी करवाई। सुबह 4.45 तक दोनों ओर से फायरिंग और गोलाबारी पूरी तरह से बंद हो गई। फिर जल्द ही शुरू हो गया सिविलियनस का पलायन। जल्द ही पुरुषों, महिलाओं और बच्चों की भीड़ फेरी साइट पर पहुंचने लगी। जिमी ने एक तुरंत और सही निर्णय लिया और नागरिकों को पार करने की अनुमति दे दी। अब किसी भी तरफ से फायरिंग की कोई संभावना नहीं थी।

लेफ्टिनेंट बाली ने खुद को एक कंबल में लपेट कर, एक पत्थर का सहारा लेकर झपकियां लेते हुए सोने की कोशिश मे लगे थे।आँख लगते ही सेकंडस के भीतर वह सपनों में खो गए वह नई दिल्ली में अपने कालेज के दोस्तों के बीच थे। सभी लड़कों और लड़कियों की कालेज के कैफे में एक पार्टी चल रही थी। फिर अचानक वह फेरी साइट पर वापस आ गए। उनका सपना टूट चुका था। उनके ठीक सामने एक अधेड़ उम्र का आदमी था और उसके साथ थी एक सुन्दर सी युवती। दोनों को

बिल्ला ने अपने हथियार से कवर कर रखा था। सुबह की रोशनी होने लगी थी। ये दोनों मोटर साइकिल पर थे और पाकिस्तानी सेना के चिन्हों वाला बैग उनके पास था और इसलिए दोनों को पकड़ लिया गया। जब बाली ने उनसे पूछ ताछ की तो पता चला कि रेंजर कंपनी कमांडर के बंकर में लड़की एक मेहमान के रूप में रह रही थी और अब युद्ध के भय से सियालकोट वापस जा रही थी। लड़की डर से कांप रही थी और अपने प्राण रक्षा की भीख मांगने लगी। उस लड़की ने युवा लेफ्टिनेंट से कहा कि वह उसके लिए कुछ भी करने के लिए तैयार थी। यह सुन लेफ्टिनेंट बाली का गोरा चेहरा निकलते सूरज की लालिमा से भी ज्यादा लाल हो गया। पास में खड़े कमांडोज चाह कर भी अपनी हंसी नहीं रोक पाए और ना रोकने की कोशिश की। बिल्ला ने शायद कुछ और प्लान बना रखा होगा लेकिन लेफ्टिनेंट बाली ने हुक्म दिया कि अगले कुछ मिनट में ही दोनों को कब्जा किये हुए इलाके से बाहर पाकिस्तान भेज दिया जाये।

19 ब्रिगेड के साथ लिंक अप 06 दिसंबर के सुबह पहली किरण निकलते ही होनी थी। सुबह 7 बजते ही जिमी अपने ब्रावो ग्रुप के साथ बेचैनी से इंतजार कर रहे थे। केवल एक बात का संतोष था कि इस समय तक, वे 3/5 गोरखा राइफल्स की D कंपनी के संपर्क में आ चुके थे। मेजर मलिक की कमान के तहत उनकी कंपनी रात को , कमांडोज द्वारा अपनाए गए रास्ते का इस्तेमाल करते हुए, नदी पार करने के बाद बीक क्षेत्र की ओर मुड़ गई थी। उसके बाद उन्होंने सही जमीन का चुनाव कर मोर्चा संभाल लिया। सूरज की पहली किरण के निकलने के बाद उनके एक गश्ती दल ने ब्रावो ग्रुप के साथ संपर्क स्थापित किया| सुबह करीब 7.30 बजे में, सड़क पर L BEND के पास स्थित 6 टीम के स्काउट्स ने पूर्व दिशा से (भारत की ओर से) से एक जीप की आने की सूचना दी। नजदीक आने पर पाक सेना के निशान स्पष्ट रूप से दिखाई देने लगे। हमारी नजदीकी लाइट मशीन गन से लंबे burst फायर ने वाहन के चालक को बुरी तरह घायल कर दिया और गाड़ी एक जगह रुक गई। पाकिस्तानी रेंजर के एक मेजर साहब खुद गाड़ी चला रहे थे और वे अब बुरी तरह से घायल हो गए थे जबकि उनके पास बैठा जवान तुरन्त मर गया। घायल अधिकारी को वाहन से बाहर निकाला गया। उन्होंने पानी

मांगा जो उन्हें तुरंत दिया गया। एक शेल ड्रेसिंग उनके घाव पर बाँधा गया लेकिन खून बहना नहीं रुका। कुछ ही मिनटों में उनकी मौत हो गई।

10 बजने से थोड़ी देर पहले, जिमी से डिवीजनल मुख्यालय ने रेडियो पर संपर्क किया और उसके बाद 19 ब्रिगेड के स्टाफ ने संपर्क किया। उन्हें तुरंत 6 किलोमीटर दूर गोन्डाल फेरी की सुरक्षा के लिए अपनी एक टीम को भेजने को कहा गया। इसी कारण गोंडाल फेरी पर लेफ्टिनेंट शशी खन्ना के नेतृत्व में 4 टीम का आपरेशन हुआ।

3/5 गोरखा राइफल्स की एक कंपनी सुबह 10 बजे के आसपास सैदपुर फेरी पर पहुंच गई और कमांडोज के साथ मिलाप किया। लगभग एक घंटे बाद 8 कैवलरी स्क्वाड्रन के टैंक फेरी साइट की ओर आते दिखे। गोरखाओं की एक टोली उनसे मिलाप करने के लिए आगे बढ़ी। सबसे आगे वाले टैंक ने एकाएक अपनी मशीन गन से फायरिंग शुरू कर दी। चालक दल ने शायद खाकी डांगरी पहने हुए भारतीय सेना के कमांडोज को दूर से पाकिस्तानी समझ लिया। एक दो गोरखा सैनिक घायल भी हो गए, यह देख उन्होंने भी जवाबी फायरिंग शुरू कर दी। स्थिति को नियंत्रण में लाना मुश्किल हो गया। किस्मत से उसी समय 3/5 गोर्खा बटालियन के कर्नल साहब पीछे से टैंकों के पास पहुंचे। गोरखा कमांडिंग ऑफिसर के समय पर आने से दोनों तरफ की फायरिंग बन्द हुई और उग्र कंपनी कमांडर और उनके जवानों को शांत किया जा सका।

अगले दिन तक सैदपुर फेरी साइट पर कोई और कार्रवाई नहीं हुई। 07 दिसंबर को सूर्योदय के एक घंटे बाद पाकिस्तानी सेना का एक टोही विमान L 5 उड़ान भरता हुआ आया। यह फेरी साइट के ऊपर से गया और फिर तेजी से मुड़ कर वापस चला गया। 30 मिनट के बाद, एक आ रही जेट की आवाज़ स्पष्ट रूप से सुनाई देने लगी। अगले मिनट में पाकिस्तान एयर फोर्स का एक MIG 19 तेजी से फेरी साइट के बाएं किनारे से गुजर गया और कुछ मिनट बाद ही फिर से वापस आया। इस बार काफी कम ऊंचाई और धीमी गति से। पायलट का चेहरा स्पष्ट रूप से दिख रहा था और उसने भी जमीन पर खाकी ड्रेस पहने लोगों को देखा होगा। उसने फिर से अपने जेट को मोड़ा वापसी के लिए। लेकिन तब तक वह 3/5 गोरखा की D कम्पनी के ऊपर था। गोरखाओं की एक लाइट

मशीन गन हवाई फायर के लिए तैयार थी| यह भारतीय सेना का ड्रिल था | और उसने तुरंत फायर किया और एक जेट में काफी गोलियां लगी। जेट दुर्घटना ग्रस्त हो गया| पाकिस्तानी फ्लाइंग ऑफिसर अज़मल जो D कंपनी और ब्रावो ग्रुप के बीच में उतरे थे, जब तक वह अपना पैराशूट खोल कर घुटने भर पानी से निकले एक पार्टी उनका स्वागत करने के लिए वहां खड़ी थी वे एक युद्ध कैदी बन चुके थे। युद्ध विराम के कुछ दिन बाद,जनरल सैम बहादुर ने 3/5 गोरखा राइफल्स का दौरा किया और फ्लाइंग ऑफिसर अजमल के साथ हाथ मिलाया।

07 दिसंबर की शाम तक फुकलियान को पूरी तरह से दुश्मन मुक्त कर दिया गया था। हालांकि रात में दुश्मन ने एक बार फिर सैदपुर फेरी साइट पर नदी पार करने का प्रयास किया। कमांडोज द्वारा भारी मात्रा में मशीन गन की आग ने उनकी प्रयास को विफल कर दिया|

08 दिसंबर को, 4 टीम सैदपुर फेरी पर वापस आ गई थी। 9 दिसंबर की सुबह ग्रुप ने अखनूर-दमाना राजमार्ग के सबसे निकट स्थान पर पहुंचने के लिए कूच किया। 6 टीम फिर सबसे आगे थी । जालिम और बिल्ला ने आधे किलोमीटर के अन्दर फिर कुछ नए पाकिस्तानियों को युद्ध कैदी बना लिया| ये थे 5 गदहे जिन पर गुड़ के बोरे लदे हुए थे। कुछ ही मिनटों में कमांडोज ने सारा गुड साफ कर दिया और उनके ऊपर सैनिकों ने अपने बैग लाद दिया ।

अंत में दोपहर के आसपास वे दमाना के नजदीक सड़क पर पहुंच गए। वहाँ वे गाड़ियों के आने की प्रतीक्षा करने लगे। तभी स्थानीय लोगों की भीड़ बड़े उत्साह के साथ पूरे ग्रुप के लिए पूरी, हलवा, अंडे और चाय के साथ वहाँ पहुंची । सारे कमांडोज भोजन पर इस तरह टूट पड़े कि ऐसा हमला तो पाकिस्तानियों को ऊपर भी नहीं हुआ था। रिकार्ड बताते हैं कि मात्र 55 किलो के लेफ्टिनेंट बाली ने बाकी चीजों के अलावा अकेले 10 अंडे खाए थे। 9 दिसंबर की शाम तक, ब्रावो ग्रुप जम्मू हवाई अड्डे में एक बार फिर केंद्रित हो गया था।

12 दिसंबर को दिन के 11 बजे तक ब्रावो ग्रुप नाथू टिब्बा इलाके में पहुंचा। यह जगह छम्ब क्षेत्र में मुन्नवर तवी के पश्चिम में, मंडीयाला के करीब 6 किमी उत्तर में है। 8 जम्मू और कश्मीर मिलिशिया की एक

कंपनी ने यहाँ पर मोरचा संभाला हुआ था। जम्मू से इस जगह आते वक्त, ब्रावो ग्रुप जो शायद अब पाकिस्तानियों को पूरी तरह से निकम्मा समझने लगे थे और अपमान करने में कोई कसर नहीं छोड़ना चाहते थे। इसलिए रास्ते में अखनूर ब्रिज के पास खुलेआम चाय बनाने के लिए ग्रुप ने अपनी गाड़ियों को रोक दिया। कमांडोज के लिए यह सुरक्षा की दृष्टि से उचित नहीं था। एकाएक पाकिस्तानी सेबर जेट की एक जोड़ी ने उनके ऊपर से मशीन गन से फायर कर दिया| सौभाग्य से किसी को कुछ भी नहीं हुआ। टिब्बा पहुंचने के बाद, 4, 5 और 6 टीमों ने केरी, घोपर और चाकला क्षेत्र का मुआयना किया। प्रत्येक टीम को 13 दिसंबर की रात अपने संबंधित क्षेत्र में एक "खोज और बरबाद " मिशन के लिए भेजा गया।

कैप्टन अनिल कुमार वर्मा, जो चिकन नेक कार्रवाई में शामिल नहीं हो पाए थे, अब दुश्मन से दो दो हाथ करने के अत्यन्त ही इच्छुक थे। वे अपनी 5 टीम के साथ दुश्मन की सीमा के पीछे तकरीबन एक घंटे तक घूमते रहे तभी उन्हे टैंकों के चलने की आवाज सुनाई दी। करीब 30 मिनट के बाद, नजदीक पहुंच कर निरीक्षण किया तो पाया कि दो रोड रोलर्स और दो छोटे ट्रक खड़े हैं । यह संभवतः एक सड़क मरम्मत दल था जिसमें सिवीलियन कर्मचारी थे। कमांडोज को देखकर वे अंधेरे में भाग खड़े हुए। टीम ने जल्दी से वाहनों पर पेट्रोल और रोलर इंजन पर विस्फोटक लगा दिया। तभी पाकिस्तान के 4 ट्रक भी उसी स्थान पर पहुंच गए। वे मोर्टार राउंड सहित और भी गोला बारूद ले जा रहे थे। पाकिस्तानी सेना के सैनिकों का कमांडोज ने तेजी से सफाया कर दिया । उनमें से केवल एक ही अपने हथियार से कुछ राउंड फायर करने में कामयाब रहा ।चलने के कुछ मिनट पहले ही इन वाहनों पर भी जल्दी से विस्फोटक लगाए गए और वह स्थान छोड़ते ही एक-एक करके, 8 वाहनों के धमाके सुनाई दिए और साथ-साथ मोर्टार के कुछ राउंडों के फटने की भी आवाज आई।

अन्य दो टीमों ने मध्यरात्रि तक दुश्मन के इलाके से निकल कर वापस अपने इलाके में बेस पर पहुंच गए। उन्हें कहीं कुछ हाथ नहीं लगा था। कैप्टन अनिल वर्मा और उनकी 5 टीम अंततः वापस 8 जम्मू और

कश्मीर मिलिशिया के कंपनी इलाके में रात 2 बजे के आसपास पहुंची। कंपनी कमांडर ने अपने बंकर में उनका स्वागत किया उन्होंने कंपनी के स्थान तक पहुंचने के लिए कमांडोज द्वारा अपनाए गए रास्ते के बारे में पूछताछ की। जब उन्हे हमारे रास्ते के बारे में पता चला तो सुन कर उनके चेहरे की रंगत देखने लायक थी। मेजर साहब ने तुरंत दो तगड़े सरदारों को स्टोर बंकर से एक खास बॉक्स को लाने के लिए कहा। बॉक्स बहुत ही बेहतरीन स्कॉच शराब से भरा था। उन्होंने कहा...... हमने कल ही उस मार्ग पर पांच हजार से ज्यादा बारूदी सुरंगें बिछाई थी और आप 33 कमांडोज बिना खरोंच के बारूदी सुरंगों के बीच से सुरक्षित निकल आए। इस बात के लिए एक एक जाम पीना तो बनता ही है।

15 दिसंबर 1971 की रात में, दुश्मन के गन पोजीशन को बर्बाद करने के लिए जिला के निकट दुश्मन की सीमा के पीछे एक बार घुसपैठ की गई | पर घुसपैठ के शुरूआत करते ही किसी का पैर एक ट्रिप वायर से टकराया। उसके बाद चारों ओर से फायरिंग होने लगी और दीवाली शुरू हो गई। कमांडोज को वापस आना पड़ा। सीज फायर 16 दिसंबर 1971 को घोषित किया गया और युद्ध समाप्त हो गया।

तो यह है कहानी कि चिकन नेक को किस प्रकार मरोड़ा गया था। लेकिन जनरल जोरू का सियालकोट की तरफ कूच करने का सपना विभिन्न कारणों से अमल में नहीं लाया जा सका। सेकंड लेफ्टिनेंट शशि खन्ना को छोड़कर ब्रावो ग्रुप के किसी भी सदस्य को पूरे युद्ध में खरोंच तक नहीं आई। शायद इसीलिए सेना मुख्यालय से लेकर नीचे तक सभी लोग ब्रावो ग्रुप को मेडल और पुरस्कार देना तो दूर शाबासी देना भी भूल गए। एक अमेरिकी मरीन ने एक बार कहा था, "आपको WOUND MEDAL जीतने के लिए किसी भी बेवकूफ जनरल की अनुशंसा की आवश्यकता नहीं होती है"। अतः सेना मुख्यालय को शशी खन्ना के लिए एक WOUND MEDAL देने के अलावा और कोई विकल्प नहीं था। रक्षा मंत्रालय को भी 120 पश्चिमी स्टार टकसाल से बनवाने पड़े ब्रावो ग्रुप के लिए और साथ में देना पड़ा "ऑपरेशन कैक्टस लिलि मैडल" क्योंकि यह युद्ध में भाग लेने वाले सभी सैनिकों को दिया जा रहा था।

1980 में किसी युद्ध अभ्यास के दौरान उधमपुर में 3/5 गोरखा राइफल्स के अफसरों ने हमारे मेजर एस के मेहता, ब्रावो ग्रुप कमांडर, कैप्टन शशी खन्ना और हम टीम कमांडरों (लेफ्टिनेंट भूपेश जैन और लेफ्टिनेंट अवधेश कुमार) से संपर्क किया। उन्होंने चिकन नेक ऑपरेशंस के लिए दोनों कंपनी/ग्रुप के आपसी सहयोग के लिए एक छोटा सा लेकिन बेशुमार अहमियत रखने वाला स्मृति चिन्ह (तमगा) दिया। स्मृति चिन्ह पर लिखा था "TO THOSE WHO WRUNG IT BUT NEVER SUNG IT ......CHICKEN NECK OPERATIONS 1971" (यह उनके लिए जिन्होंने 1971 के युद्ध में चिकन नेक अभियान के दौरान बहुत ही साहस और वीरतापूर्ण कार्य किया)

21

सारागढ़ी युद्ध-1897

"देह सिवा बरु मोहि इहै सुभ करमन ते कबहूं न टरों।

न डरों अरि सो जब जाइ लरों निसचै करि अपुनी जीत करों ॥

अरु सिख हों आपने ही मन कौ इह लालच हउ गुन तउ उचरों।

जब आव की अउध निदान बनै अति ही रन मै तब जूझ मरों॥"

अर्थात-हे शिवा मुझे यह वर दें कि मैं शुभ कर्मों को करने से कभी भी पीछे न हटूँ।जब मैं युद्ध करने जाऊँ तो शत्रु से न डरूँ और युद्ध में अपनी जीत पक्की करूँ।और मैं अपने मन को सिखा सकूं कि आपके गुणों का बखान करता रहूँ।जब अन्तिम समय आये तब मैं रणक्षेत्र में युद्ध करते हुए मरूँ।

गुरु गोबिन्द सिंह की यह प्रार्थना सत्य साबित हुई जब 21 सिख सैनिकों ने 10 हजार अफगान हमलावरों के छक्के छुड़ाए। इतिहास के सुनहरे पन्ने में दर्ज है सारागढ़ी की लड़ाई।

हमें आजादी मिले 75 वर्ष हो गए, फिर भी मातृभूमि के लिए अपना सर्वस्व न्योछावर करने वाले कई बलिदानियों को इतिहास में उचित स्थान नहीं दे पाए। इसके लिए हमें इन विस्मृत बलिदानियों की वीरता की कहानियों को जन-जन तक पहुंचाने का हरसंभव प्रयास करने की जरूरत है। इसी कड़ी में सारागढ़ी के उन 21 सिख सैनिकों के साहस और बलिदान की गाथा को मैंने इस कड़ी में शामिल किया है जिन्होंने 10 हजार अफगान कबायलियों से मोर्चा लिया और अपने प्राण न्योछावर

कर दिए।

भारतीय सेना के सिख रेजिमेंट की 4 बटालियन हर वर्ष 12 सितंबर को सारागढ़ी दिवस मनाती है। 125 वर्ष पहले 12 सितंबर 1897 को सारागढ़ी में सिर्फ 21 सिख सैनिकों ने 10 हजार पठान कबायलियों के आक्रमण को रोक दिया। इस असंभव सी लगने वाली जीत सुनिश्चित करने में सभी 21 जांबाजों को अपनी जान गंवानी पड़ी, लेकिन वो अपने मकसद में कामयाब रहे। आप सोच रहे होंगे, ऐसा कैसे संभव हुआ! तो आइए जानते हैं सारागढ़ी की लड़ाई की वो कहानी...

सारागढ़ी का युद्ध : 12 सितम्बर 1897 को <u>ब्रिटिश शासन की भारतीय सेना</u> और <u>अफ़गान</u> ओराक्ज जातियों के मध्य यह युद्ध सारागढ़ी में लड़ा गया था। यह स्थान उत्तर-पश्चिम सीमांत प्रान्त ,वर्तमान खैबर-पखतुन्खवा, पाकिस्तान में स्थित हैं।

सारागढ़ी समाना रेंज पर स्थित कोहाट जिले का सीमावर्ती इलाके का एक छोटा सा गाँव है। इस किले को 21 अप्रैल 1894 को ब्रिटिश सेना के 36वीं सिख रेजिमेंट के कर्नल जे कुक की कमान में बनाया गया था। अगस्त 1897 में लेफ्टिनेंट कर्नल जॉन हैटन की कमान में 36वीं सिख रेजिमेंट की पांच कंपनियों को ब्रिटिश-इंडिया के खैबर पख्तूनख्वा के उत्तर पश्चिमी सीमा पर भेजा गया था और समाना हिल्स, कुराग, संगर, सहटॉप धर और सारागढ़ी में उनकी तैनाती की गई थी।

अंग्रेज इस अस्थिर और अशांत क्षेत्र पर नियंत्रण पाने में आंशिक रूप से तो सफल रहे, लेकिन वहाँ के मूल निवासी पश्तूनों ने समय-समय पर ब्रिटिश सैनिकों पर हमला करना जारी रखा। इसलिए ब्रिटिश राज ने किलों की एक श्रृंखला को मरम्मत करके अपनी स्थिति मजबूत करनी चाही | ये वो किले थे जो मूल रूप से सिख साम्राज्य के शासक महाराजा रंजीत सिंह द्वारा बनाए गए थे। इनमें से दो किले फोर्ट लॉकहार्ट (हिंदू कुश पहाड़ों की समाना रेंज पर) और फोर्ट गुलिस्तान (सुलेमान रेंज) ऐसे थे जो एक-दूसरे से कुछ मील की दूरी पर स्थित थे। इन किलों को एक-दूसरे से दिखाई नहीं देने के कारण सारागढ़ी को इन किलों के मध्य में बनाया गया था और इसका प्रयोग एक हेलिओग्राफिक(दर्पण में सूर्य की रोशनी प्रयोग करके संदेश भेजना) संचार पोस्ट के रूप में

किया जाने लगा था। सारागढ़ी पोस्ट को एक चट्टानी पहाड़ी की चोटी पर बनाया गया, जिसमें एक छोटा सा ब्लॉक हाउस, किले की दीवार और एक सिग्नलिंग टॉवर का निर्माण किया गया।

1897 में भारत मे अंग्रेजों के खिलाफ विद्रोह और आकस्मिक गतिविधियां बढ़ गई थीं जिसका फायदा उठाकर अफगान लूटेरे भारत में लूट करना चाहते थे और 3 तथा 9 सितंबर को अफरीदी आदिवासियों ने अफगानों के साथ मिल कर अंग्रेज सेना पर फोर्ट गुलिस्तान पर हमला किया। दोनों हमलों को सिख रेजीमेंट की 36 वीं बटालियन द्वारा नाकाम कर दिया गया था। पश्तूनों और अफगानों नेतृत्व गुल बादशाह कर रहा था।

सारागढ़ी की लड़ाई के विवरण को काफी सटीक माना जाता है, क्योंकि ब्रिटिश सिपाही गुरमुख सिंह ने युद्ध के दौरान फोर्ट लॉकहार्ट को हेलियोग्राफ़ संकेतों के माध्यम से किले में होने वाली घटनाओं का संदेश भेजने का काम कर रहे थे।

12 सितंबर 1897 सुबह 9:00 के लगभग, लगभग 10000 अफ़गान विद्रोहियों ने सारागढ़ी चौकी पर हमला कर दिया।गुरमुख सिंह के द्वारा लोकहार्ट किले में कर्नल हौथटन को सूचना भेजी गई कि उन पर हमला हुआ है। चौकी पर 21 सिख सैनिक थे।कुल 21 सैनिकों को 10 000 हमलावरों का सामना करना था। यानी, करीब 476 हमलावरों पर एक सैनिक। सिख सैनिकों की इस यूनिट का नेतृत्व हवलदार ईशर सिंह कर रहे थे। 36वें सिख रेजिमेंट के कमांडेंट कर्नल जॉन हॉगटन लॉकहार्ट के किले में तैनात थे जो बटालियन का मुख्यालय था। ईशर सिंह ने कर्नल हॉटन को सारागढ़ी चौकी की जानकारी देकर सैन्य मदद मांगी। कर्नल ने उनसे कहा कि इतने कम समय में सैनिकों को भेज पाना उनके लिए संभव नहीं हो पाएगा | अतः सारागढ़ी में तुरन्त सहायता नहीं भेजी जा सकती। ब्रिटिश ऑफिसर ने सैनिको को पीछे हटने का आदेश दिया।ऐसे में सारागढ़ी चौकी पर तैनात सिख सैनिकों को फैसला करना था कि वो आत्मसमर्पण कर दें या फिर 10 हजार खूंखार लड़ाकों से दो-दो हाथ करते हुए वीरगति को प्राप्त हों। भारतीय सैनिको ने ब्रिटिश अधिकारी के आदेश को नही माना। सैनिकों ने अन्तिम साँस तक लड़ने का निर्णय

लिया।

सभी 21 सिख सैनिकों ने मोर्चा संभाल लिया। लड़ाई शुरू हुई और छह दिनों तक चली। इस दौरान सिपाही भगवान सिंह वीरगति को प्राप्त हो गए। तब हमले में घायल लाल सिंह और जीवा सिंह ने मिलकर सिपाही भगवान सिंह का शव खींचकर चौकी के अंदर किया। हालांकि, चौकी मिट्टी के दीवार से बनी थी। हमलावर करीब आ गए थे। इस बीच विद्रोही अफ़गान सेना का कमांडर ब्रिटिश सैनिकों को आत्मसमर्पण करने के लिए लुभाता रहा।कथित तौर पर मुख्य द्वार को खोलने के लिए दो बार प्रयास किया गया लेकिन वो असफल रहा।उसके बाद दीवार टूट गयी और फिर आमने-सामने की भयंकर लड़ाई हुई।

कर्नल हॉगटन को पता था कि अब सिख सैनिक हमलावरों के हाथों मारे जाएंगे। वही हुआ भी। अफगान हमलावरों की फौज ने 12 सितंबर 1897 को मिट्टी की दीवार ढहा दी। फिर तो सिख सैनिकों के साथ उनका बंदूकों की जगह हाथों से लड़ाई होने लगी। असाधारण बहादुरी दिखाते हुये भारतीय सेना के हवलदार ईशर सिंह ने अपने सैनिकों को पीछे की तरफ हटने का आदेश दिया जिससे लड़ाई को जारी रखा जा सके।गुरमुख सिंह, जो कर्नल हौथटन को युद्ध समाचारों से अवगत करवा रहे थे, आखरी सैनिक थे। पश्तूनो ने उनको मारने के लिए आग के गोलों से हमला किया था।उन्होंने मरते दम तक लगातार "जो बोले सो निहाल, सत श्री अकाल" बोलते रहे।

एक-एक कर सारे सिख सैनिक मारे गए। सिख सैनिक जब एक-एक कर 'जो बोले सो निहाल, सत श्री अकाल' का नारा बुलंद करते हुए शहीद हो रहे थे तब आवाज कर्नल हॉगटन के कानों तक पहुंच रही थी। आखरी सैनिक के मारे जाने के बाद नारा गूंजना बंद हो गए और कर्नल हॉटगन को पता चल गया कि अब कोई भी भारतीय सैनिक जिंदा नहीं बचा है। बहरहाल, सिख सैनिकों ने अपना बलिदान देने से पहले 600 से ज्यादा अफगान हमलावरों को मार गिराया था।

सारागढ़ी को तबाह करने के पश्चात अफ़गान विद्रोहियों ने अंग्रेजों के गुलिस्तां किले पर हमला करने की योजना बनाई, अब हमलावरों को लॉकहार्ट किले की तरफ बढ़ना था। लेकिन उनकी किस्मत अच्छी नहीं

थी। लड़ाई के दौरान कर्नल हॉगटन को सैन्य दस्ता बुलाने का मौका मिल गया था । 13-14 सितम्बर की रात्रि में अंग्रेजों की अतिरिक्त सेना वहाँ पहुँच जब तक अफगान सैनिक किले की तरफ बढ़ते तब तक अतिरिक्त सैन्य दस्ता किले तक पहुंच गया और अफगानों को मार भगाया और किले पर पुनः कब्जा कर लिया। इसके बाद पश्तूनो ने स्वीकार किया कि 21 सिखों के साथ युद्ध में उनके 180 सैनिक मारे गये और बहुत से सैनिक घायल हुये। लेकिन बचाव दल के वहाँ पहुँचने पर 600 से ज्यादा शव मिले। इस तरह, 21 सिख सैनिकों की शहादत से लॉकहार्ट का किला फिर से अजेय रह गया।

कर्नल हॉगटन ने लड़ाई के बाद सिख सैनिकों की वीरता की पूरी कहानी ब्रिटिश इंडियन आर्मी के सीनियर अफसरों को सुनाई। सभी अफसर सिख सैनिकों के बलिदान पर भाव विह्वल थे। सभी 21 सिख सैनिकों को मरणोपरांत उस वक्त के वीरता पुरस्कार 'इंडियन ऑर्डर ऑफ मेरिट' से नवाजा गया। ऐसा पहली बार हुआ था कि एक लड़ाई के सभी शहीदों को वीरता पुरस्कार दिया गया हो।

सारागढ़ी दिवस :सारागढ़ी दिवस एक सिख सैन्य स्मरण दिवस है जो हर साल 12 सितंबर को सारागढ़ी की लड़ाई की याद में मनाया जाता है। ब्रिटिश सिख सैन्यकर्मी और नागरिक 12 सितंबर को हर साल दुनिया भर में लड़ाई की याद करते हैं। ब्रिटिश सिख रेजिमेंट की सभी टुकड़ियां हर साल सारागढ़ी दिवस को रेजिमेंटल बैटल ऑनर्स डे के रूप में मनाती हैं। ब्रिटेन और दुनिया में आज भी भारतियों खासकर सिखों द्वारा सारागढ़ी दिवस बड़े गर्व से मनाया जाता है। सारागढ़ी की लड़ाई विश्व की 10 प्रसिद्ध लड़ाइयों में से एक है।

फिल्म :सारागढ़ी के उन वीर सैनिकों के कहानी एक फिल्म के जरिए भी दिखाई गई। बॉलिवुड स्टार अक्षय कुमार की केसरी फिल्म इसी युद्ध पर आधारित है। उधर, ब्रिटेन में सारागढ़ी के नायक ईशर सिंह की प्रतिमा का अनावरण किया गया। कांसे से बनी 10 फुट की यह मूर्ति 6 फुट के चबूतरे पर बनी है। यह वॉल्वरहैम्प्टन के वेडन्सफील्ड में स्थित है। उधर, ब्रिटेन में ही ईस्ट मिडलैंड्स के लिस्टरशायर में कर्नल जॉन हॉगटन की भी स्मारक पट्टिका लगाई गई है।

22

युद्धबंदी

"जो लोग दूसरों को आजादी नहीं देते उन्हें खुद भी इसका हक नहीं होता।"

युद्धबन्दी उस व्यक्ति को कहते हैं जो किसी सशस्त्र संघर्ष के दौरान या तुरन्त बाद शत्रु देश द्वारा हिरासत में ले लिया जाता है। पकड़ा गया व्यक्ति लड़ाकू हो या न हो, वह 'युद्धबन्दी' ही कहा जाता है।

क्या होता है युद्धबंधी सैनिक के साथ ?इन सवालों के जवाब के लिए आइए जानते हैं कारगिल युद्ध के प्रथम शहीद भारतीय सेना के जाबांज आफिसर कैप्टन सौरभ कालिया और जवानों के बारे में, फ्लाइट लेफ्टिनेंट नचिकेता के बारे में, 54 भारतीय सैनिकों के बारे में जो पाकिस्तानी जेलों में बंद हैं और 1971 के भारत-पाक युद्ध में 93000 पाकिस्तानी युद्धबंदियों के बारे में।

कैप्टन सौरभ कालिया : भारतीय सेना को सूचना मिली थी कि कारगिल की चोटियों पर स्थित भारतीय चौकियों पर पाकिस्तानी फौज कब्जा जमा लिया था। दोनो देशों के समझौतों के तहत शरदियों के दिनों में दोनो देश उन चौकियों से अपनी फौजें हटा लेते थे। परंतु पाकिस्तान की सेना ने समझौते का उल्लंघन करते हुए भारतीय चौकियों में कब्जा जमा लिया था। उन्हे हटाना अब भारतीय सेना के लिए चुनौती थी। 5 मई 1999 को सेना ने जाट रेजीमेंट के कैप्टन कालिया और पांच जवानों को इस बात का पता लगाने के लिए पेट्रोलिंग पर भेजा। कैप्टन कालिया,

अर्जुन राम, भंवर लाल, भीखाराम, मूलाराम, नरेश के साथ कारगिल के चोटियों में बजरंग पोस्ट पर पेट्रोलिंग कर रहे थे, तभी पाकिस्तानी घुसपैठियों ने उन्हें बंदी बना लिया| 22 दिनों तक (15 मई-06 जून 1999) कैप्टन कालिया और पांच जवानों को लोहे की गर्म रॉड और सिगरेट से दागा गया| आंखें निकाल दी गईं और कान को भी सलाखों से दागा गया| नाक, कान व होंठ काटे गऐ,अंगुलियां काटी गईं,लगभग सारे दाँत व हड्डियां तोड़ी गईं,कानों में लोहे की गरम सलाखें डाली गईं,आँखे फोड़ने के बाद शरीर से निकाली गईं,खोपड़ियां बंदूक की बट से तोड़ी गईं, इतनी यातनायें देने के बाद भी पाशविकता और बर्बरता की सारी हदें पार करते हुऐ इन सैनिकों के गुप्तांग तक भी काटे गये। जब भारत ने अपने इन सैनिकों की रिहाई के लिये प्रयास शुरू किये तब इन सैनिकों की कनपटी पर गोली मार कर हत्या कर दी गई। 9 जून 1999 को इन सैनिकों के क्षत-विक्षत शव भारत को सुपुर्द किए गए। इन की पोस्टमार्टम रिपोर्ट में इस बात का खुलासा हुआ की ये सब इन सैनिकों के साथ तब हुआ जब वो जिंदा थे। कैप्टन कालिया और पांच जवानों के साथ जो कुछ भी हुआ वो जेनेवा संधि का उल्लंघन था|

फ्लाइट लेफ्टिनेंट नचिकेता :सन 1999 में करगिल युद्ध के एकमात्र युद्धबंदी थे फ्लाइट लेफ्टिनेंट नचिकेता,जो जिंदा वापस भारत लौट आए |पाकिस्तान एयर फोर्स के एक अधिकारी ने बचाई थी उनकी जान। वहां उन्हें लगातार टॉर्चर कर पूछताछ की गई। नचिकेता ने कहा भी था कि हर वक्त मौत सामने नजर आती थी, लेकिन फिर भी एक उम्मीद थी कि एक दिन वे अवश्य भारत वापस लौट सकेंगे।

करगिल युद्ध के दौरान नचिकेता के विमान का इंजन बीच आसमान में ही बंद हो गया था| उन्हें पाकिस्तान ने बंधक बनाकर खूब प्रताड़ित किया| नचिकेता को बंधक बनाने वाले पाकिस्तान के नार्दन लाइट इंफैन्ट्री के सैनिक बेहद क्रूर थे और उन्हें तब तक बुरी तरह पीटते रहे, जब तक उनके एक वरिष्ठ अधिकारी ने उन्हें पीछे हटने को नहीं कहा।वह 8 दिनों बाद वापस भारत लौटे और 2017 में वे ग्रुप कैप्टन के पद से रिटायर हुए।

****

54 भारतीय युद्धबंदी:3 दिसंबर 1971 को, पाकिस्तान ने 50 हवाई जहाज़ों के साथ भारतीय हवाई क्षेत्र में छापा मारा और उत्तर-पश्चिमी भारत में ग्यारह हवाई क्षेत्रों में हमले शुरू किए। हमलों को युद्ध की घोषणा बताते हुए, भारतीय प्रधान मंत्री ने भारतीय सशस्त्र बलों को समान रूप से जवाबी कार्रवाई करने का आदेश दिया।

16 दिसंबर 1971 को, पाकिस्तान की सेनाओं ने भारतीय सेनाओं के सामने आत्मसमर्पण कर दिया। युद्ध कैदियों के रूप में लगभग 93,000 पाकिस्तानी सैनिकों को आधिकारिक तौर पर भारत द्वारा युद्धबंदी बनाए जाने के साथ युद्ध समाप्ति की घोषणा कर दी गई।

भारत के युद्ध बंदियों के साथ पाकिस्तान ने क्या किया?युद्ध बंदी वह सैनिक होते हैं जो युद्ध के दौरान दुश्मन की गिरफ़्त में आते हैं। जीनेवा कन्वेंशन और अन्य अंतर्राष्ट्रीय नियमों के अनुसार, प्राप्त देश को युद्ध बंदियों के मानवाधिकारों की रक्षा करनी होती है और अंतर्राष्ट्रीय नियमों में उल्लिखित प्रक्रिया का पालन करना होता है।

युद्ध बंदियों को मारना, नुकसान पहुंचाना, प्रताड़ित या दुश्मन की खुफ़िया सूचना देने के लिए मजबूर करना निषेध है। हालांकि, अक्सर, युद्धबंदी ही लंबे समय तक युद्ध के परिणाम भुगतते हैं।

1971 की लड़ाई के दौरान, 93,000 युद्ध बंदियों को भारत ने पाकिस्तान को लौटा दिया। हालाँकि, भारत एकमात्र ऐसा देश नहीं था जिसने युद्ध बंदियों को लिया था। अफ़वाह यह है कि पाकिस्तान ने 1971 के युद्ध के दौरान 54 भारतीय सेना के लोगों को हिरासत में लिया और उन्हें युद्ध बंदी घोषित नहीं किया। भारत सरकार ने भी इन 'लापता 54' की यह कहकर अवहेलना की कि वे या तो लापता हो गए या युद्ध के दौरान उनकी मृत्यु हो गई।

हालांकि दोनों, भारतीय और पाकिस्तानी सरकारों ने सर्वसम्मति से युद्ध के लापता सैनिकों को बंदी मानने से इनकार कर दिया, लेकिन दावा है कि यह सैनिक पाकिस्तानी जेलों में आज भी बंद हैं। प्रधान मंत्री श्री नरेंद्र मोदी के नेतृत्व वाली सरकार ने संसद को सूचित किया था कि पाकिस्तान की हिरासत में 83 भारतीय सैनिक हैं, जिनमें 54 लापता शामिल हैं।

वरिष्ठ पत्रकार चंदर सुता डोगरा ने भी इस कहानी पर शोध किया है और 'मिसिंग इन एक्शन: द प्रिजनर्स हू नेवर केम बैक' शीर्षक से एक किताब लिखी है। उनकी पुस्तक में उल्लेख किया गया है कि कैसे भारत सरकार अपने कर्तव्य का निर्वहन करने में विफल रही और यहां तक कि 54 में से 15 सैनिकों को आधिकारिक हलफनामों में मृत घोषित कर दिया गया। विक्टोरिया शॉफिल्ड ने अपनी पुस्तक 'भुट्टो- ट्रायल एंड एक्जिक्यूशन' में पाकिस्तानी जेलों में बंद भारतीय युद्ध बंदियों की खराब स्थिति का भी उल्लेख किया है।

भारत के विदेश मंत्रालय के रिकॉर्ड में बताया गया है कि 1984 में मुरी में हुई दोनों देशों की बैठक में पाकिस्तान ने स्वीकार किया था कि उसके पास समान नामों से सुरक्षा कैदी हैं। 'सुरक्षा कैदी' 'शब्द का इस्तेमाल अक्सर युद्ध बंदियों को जासूस करार देने के लिए होता है।

कर्नल एन.एन. भाटिया (सेवानिवृत्त) के अनुसार, अमेरिकी वायु सेना के पूर्व प्रमुख ने भी खुलासा किया था कि कई भारतीय सैनिक पाकिस्तानी जेल में हैं। मेजर अशोक सूरी जिन्हें पाकिस्तान में बंद युद्ध बंदी माना जाता है, उनके पिता राम स्वरूप ने भी दावा किया कि उनके बेटे ने उन्हें कराची जेल से पत्र लिखा था, जिसमें उन्होंने कहा था कि उनके साथ 20 अन्य भारतीय सैन्य अधिकारी भी कराची जेल में थे।

एक और गवाही तस्कर मुख्तियार सिंह की आती है, जो 1989 में एक पाकिस्तानी जेल से रिहा हुआ था। उसने उल्लेख किया कि कैप्टन रविंदर उसी जेल में थे जहाँ वह था। उसने यह भी कहा कि मेजर अशोक सूरी उस समय कोट लखपत जेल में थे। एक अन्य रिहा कैदी, रूप लाल, ने पाकिस्तानी जेलों में भारतीय युद्ध बंदियों के बारे में इसी तरह के दावे किए थे।

कहानी यहीं खत्म नहीं होती। मामले के और भी सबूत हैं। 1988 में पाकिस्तान से निकले दलजीत सिंह ने दावा किया कि उन्होंने फ्लाइट लेफ्टिनेंट वी.वी. ताम्बे को 1978 में लाहौर पूछताछ केंद्र में देखा था। इस बात की पुष्टि इस तथ्य से की जा सकती है कि एक बांग्लादेशी नौसेना अधिकारी, जो ताम्बे की पत्नी से मिले थे, ने यह भी दावा किया कि उन्होंने उन्हें लायलपुर जेल में देखा था।

एक और गवाही टाइम्स पत्रिका से आती है। पत्रिका के दिसंबर 1971 के संस्करण में पाकिस्तान में बंद एक भारतीय कैदी की तस्वीर थी, जिसकी पहचान मेजर ए.के. घोष के तौर पर हुई जो कभी युद्ध के मैदान से घर नहीं लौटे।

सबूतों और दस्तावेज़ों के ढेरों के बावजूद, पाकिस्तानी सरकार इन युद्ध बंदियों के अस्तित्व को पहचानने से इंकार करती रही है, उन्हें उनके मानवाधिकारों का अनुदान देना तो दूर की बात है। भारत सरकार पिछले 52 वर्षों में, भारतीय धरती के इन बेटों को वापस लाने में बुरी तरह विफल रही है। दुर्भाग्य से, इन युद्ध बंदियों को आखिरी बार 1988 में देखा गया था। जबकि इन बहादुरों के परिवार उनकी प्रतीक्षा कर रहे हैं, वे शायद कभी वापस नहीं लौट पाएंगे।

भारत जैसे देश के लिए यह शर्म की बात है कि भारतीय सैनिकों को बिना किसी कांसुलर समर्थन या मानवाधिकार संरक्षण के दुश्मन की जेलों में सड़ने दिया गया। युद्ध देश के लिए एक जीत थी लेकिन युद्ध बंदियों की स्थिति सरकार की घोर विफलता है। पाकिस्तान के 93000 युद्ध बंदियों के बदले पाकिस्तान की जेलों में बंद 54 युद्ध बंदियों को भारत वापस ले सकता था परंतु उस समय की सरकार की अदूरदर्शिता देखिए कि उसने ऐसा नहीं किया और वो आज भी पाकिस्तान की जेलों में गुमनाम जिंदगी जी रहे हैं या मर चुके हैं इसकी कोई जानकारी भारत सरकार के पास नहीं है।

****

लगभग 52 साल से निर्मल कौर अपने पति सूबेदार आसा सिंह के घर लौटने का इंतज़ार कर रही हैं। सूबेदार आसा सिंह भी उन 54 भारतीय युद्धबंदियों में शामिल हैं जो पाकिस्तानी जेलों में गुमनामी जिंदगी जी रहे हैं या मारे गए हैं।

साल 1971 में दिसंबर के पहले हफ़्ते में छिड़ी भारत-पाकिस्तान जंग में हिस्सा लेने के लिए उनके पति सूबेदार आसा सिंह 5 सिख रेजीमेंट में पदस्थ थे और छंब सेक्टर में मोर्चे पर गए थे। युद्ध के दौरान पाकिस्तान की सेना ने उन्हें अन्य भारतीय सैनिकों के साथ बंदी बना लिया था और तब से लेकर आज तक आसा सिंह के परिवार के लोग उनके घर वापस

आने की राह देख रहे हैं| लेकिन एक मुद्दत गुजर जाने के बाद भी उनके इंतज़ार की घड़ियां अभी ख़त्म नहीं हुई हैं|

निर्मल कौर की उम्र 81 साल हो गई है| आजकल वो ज़्यादा चल फिर नहीं पातीं लेकिन फिर भी मौक़ा मिलने पर वो पाकिस्तान की जेल में क़ैद अपने पति की रिहाई के लिए गुहार लगाती रहती हैं| कुछ समय पहले तक वो रोज़ाना गुरुद्वारा जाया करती थीं और अपने पति से मिलने की दुआ करती थीं| लेकिन अब वो घर पर रह कर ही पूजा करती हैं| उनकी एक ही इच्छा है कि आँख बंद करने से पहले एक बार अपने पति से मिल सकें, उनकी देखभाल कर सकें|

करतारपुर कॉरिडोर से जगीउम्मीद :जब भारत-पाकिस्तान के बीच करतारपुर साहिब गुरुद्वारे के लिए कॉरिडोर बनाने की घोषणा हुई तो निर्मल कौर ने अपनी मुहिम एक बार फिर शुरू कर दी | उन्होंने दोनों देशों के प्रधानमंत्रियों से ये अपील की |जिस तरह उनकी सरकारों ने दशकों से सिखों की लंबित मांग को पूरा किया है, ठीक उसी तरह साल 1971 की जंग के क़ैदियों की रिहाई के लिए फ़ैसला हो और कैदियों को उनके परिवारों के हवाले किया जाए| निर्मल कौर ने पंजाब सरकार के मंत्री और क्रिकेटर नवजोत सिंह सिद्धू से भी अपील किया था कि वो पाकिस्तान के प्रधानमंत्री और उनके दोस्त इमरान खान से बात कर इस मसले को हल करवाने में अपना किरदार निभाएं|

निर्मल कौर ने बीबीसी हिंदी से कहा, "लंबे संघर्ष के बाद साल 2007 में उन्हें पाकिस्तान जाने का मौक़ा मिला था लेकिन दोनों देशों की सरकारों के बीच तालमेल की कमी के चलते वो कोशिश नाकाम रही| हम वहां पाकिस्तान की जेल तो गए लेकिन, सिर्फ़ जेल अधीक्षक के दफ़्तर में बैठ कर वापस लौट आए|" आसा सिंह की तलाश में निर्मल कौर पाकिस्तान की लाहौर, कराची, सुक्कुर, मुल्तान, साहिवाल, फ़ैसलाबाद और मियांवली जेल तक गईं लेकिन नाकाम रहीं|

कैसे तय किया इतना लंबा सफ़र? निर्मल कौर ने बताया, "जून, 2007 में भारत से 14 सदस्यों का दल पाकिस्तान गया था लेकिन भारत के उच्चायुक्त के दफ़्तर से वहां कोई भी हमारे साथ नहीं आया| हमें उर्दू नहीं आती थी, इसलिए हम किसी भी रिकॉर्ड की पुष्टि नहीं कर पाए और

ख़ाली हाथ घर लौट आए|" "अगर दोनों देशों की सरकारें संजीदा होतीं तो हम जेल में बंद अपने लोगों से मिल सकते थे लेकिन ऐसा नहीं हुआ| हमें नहीं पता इसके लिए किसे दोषी ठहराया जाए|"

निर्मल कौर कहती हैं, "17 दिसंबर, 1971 को ये जानकारी मिली थी कि जंग के दौरान वो शहीद हो गए हैं| हमें ये ख़बर सुन कर उस समय भी यक़ीन नहीं हुआ था| हमेशा एक आस दिल में बनी रहती थी कि सूबेदार आसा सिंह घर वापस लौट आएंगे|" "मैंने बच्चों को साथ लेकर बड़ी मुश्किल से परिवार की मदद से घर संभाला| उस वक़्त 323 रुपए पेंशन मिलती थी| पैसों की कमी पूरा करने के लिए मैं कुछ काम कर लिया करती थी जिससे मेरा गुज़ारा चल सके|"

निर्मल कौर को 1971 की दिवाली आज भी याद है जो उन्होंने अपने पति के साथ अपने घर में मनाई थी| वो कहती हैं, "उसके बाद वो ड्यूटी पर चले गए| निकलने से पहले वो हमारे लिए घर के आंगन में बंकर बनाने की बात कह कर गए थे ताकि मुश्किल वक़्त में उनका परिवार अपनी जान बचा सके|" "वो मुझे थोड़ा गुड़ और चना ख़रीद कर दे गए थे ताकि युद्ध के दौरान अगर कहीं भागना पड़े तो बच्चों के खाने के लिए काम आ सके | उस समय मैं चार बेटियों और दो बेटों के साथ जम्मू के नानक नगल इलाके में ही रहती थी|" निर्मल कौर की सबसे छोटी बेटी का जन्म उनके पिता के पकड़े जाने के दो महीने बाद हुआ था| वो बताती हैं कि उनके पति की ग़ैरहाज़री में उनकी पलटन ने उनके परिवार की मदद की | मेरे बेटों को 10वीं क्लास तक पढ़ाई करवाई और बेटियों की शादी में आर्थिक मदद भी की|

कैसे पता चला सूबेदार ज़िंदा हैं? सबसे पहले 20 अगस्त, 1972 को पाकिस्तान रेडियो पर कुछ भारतीय क़ैदियों ने अपने घर वालों के नाम सन्देश प्रसारित किए जिससे यह उम्मीद जगी थी कि भारत के युद्धबंदी पाकिस्तान की जेल में क़ैद हैं| आसा सिंह उनमें से एक थे|

ठीक एक महीने के बाद पता चला सूबेदार आसा सिंह ने फिर से पाकिस्तान रेडियो पर अपना हाल सुनाया था और जम्मू में अपने घर का पता भी बताया था| निर्मल कौर ने कहा कि यह सूचना मिलने पर हमने बार-बार केंद्र सरकार के आगे गुहार लगाई लेकिन किसी ने हमारी

आवाज़ नहीं सुनी|

वो कहती हैं, "जब कांग्रेस पार्टी की सरकार सत्ता में थी तो भारतीय जनता पार्टी के बड़े-बड़े नेता हमारे साथ इंसाफ मांगने के लिए खड़े होते| लेकिन आज उनकी अपनी सरकार है और अब इन्होंने भी चुप्पी साध रखी है| कोई हमारी मदद के लिए आगे नहीं आता| देश के सैनिकों को उनके हाल पर छोड़ दिया है पाकिस्तान की जेल में सड़ने के लिए|"

साल 2006 में सामने आई किताब "इंडियन प्रिज़नर्स ऑफ़ वॉर - हैपलैस एंड हेल्पलैस" में लेफ़्टिनेंट कर्नल आर के पट्टू और ब्रिगेडियर मनमोहन शर्मा दावा करते हैं कि 1975 में एक क़ैदी ने अपने पिता को चिठ्ठी लिख कर बताया था कि पाकिस्तान की जेलों में युद्ध के दौरान क़ैद किए गए 54 भारतीय कैदी फंसे हुए हैं और उनकी रिहाई की कार्यवाही शुरू होनी चाहिए|

1999 में पाकिस्तान की प्रधानमंत्री बेनज़ीर भुट्टो ने भी भारत के प्रधानमंत्री राजीव गाँधी से यह बात कही थी कि उनके देश में 43 भारतीय युद्धबंदी क़ैद हैं| निर्मल कौर ने बताया, "1988 में परिवार की उम्मीद एक दफ़ा फिर जगी जब पाकिस्तान की जेल से रिहा होकर घर लौटे एक क़ैदी ने बताया कि पाकिस्तान की जेल में उनकी मुलाक़ात सूबेदार आसा सिंह से हुई है|" "1990 में भी परिवार को सूचना मिली कि सूबेदार आसा सिंह की मुलाक़ात जेल हॉस्पिटल में एक दूसरे भारतीय क़ैदी से हुई थी और उसने घर वापस आकर उनके परिवार को यह सूचना दी थी|"

2003 में लाहौर की कोट लखपत जेल का निरक्षण करने गई मानवाधिकार की टीम ने भी वहां कम से कम 11 भारतीय युद्ध बंदियों से मुलाक़ात की थी जिसमें आसा सिंह भी शामिल थे| सूबेदार आसा सिंह की सबसे छोटी बेटी रविंदर कौर ने बीबीसी हिंदी से कहा, "मैंने अपने पापा को कभी नहीं देखा| मैं तो सिर्फ़ उनकी तस्वीर देख कर बड़ी हुई हूँ| उनकी याद में मैंने कविता भी लिखी और अपनी माँ के साथ लंबा संघर्ष भी किया लेकिन आज तक सफलता हाथ नहीं लगी|" "पिता के बिना घर में बच्चों का क्या हाल होता है यह हमसे ज्यादा कोई नहीं जान सकता| हमारी माँ ने हमारे लिए बहुत मेहनत की और अकेले अपने दम

पर हमें बड़ा किया| हमारे पिता ने अपना पूरा जीवन देश के नाम कुर्बान कर दिया लेकिन हम आज भी उनकी एक झलक पाने के लिए तरस रहे हैं|"

सूबेदार आसा सिंह के बेटे हरचरण सिंह ने बीबीसी हिंदी से कहा, "अपने पिता की रिहाई को लेकर उन्होंने बाकि युद्ध बंदियों के परिवारों के साथ मिल कर एक लंबी क़ानूनी लड़ाई लड़ी है|" इसी लड़ाई के चलते भारत सरकार ने दिसंबर 2011 में गुजरात हाई कोर्ट के फ़ैसले के बाद भारतीय सैनिकों के परिवारों को राहत राशि बांटी और साथ में सभी सैनिकों को सम्मान पूर्वक उनके ओहदे दिए | युद्ध बंदियों के परिवारों को इस फ़ैसले के बाद एक तरफ बड़ी राहत मिली और दूसरी तरफ इस बात की भी चर्चा शुरू हो गयी कि उनका हक़ दिलाने के लिए और उन्हें पाकिस्तान की जेल से रिहा करवाने के लिए इंटरनेशनल कोर्ट ऑफ़ जस्टिस (ICJ) में गुहार लगाई जाए| हरचरण सिंह ने बताया भारत सरकार तो इस बात पर अभी तक राज़ी नहीं हुई है और यही वजह है इन युद्ध बंदियों की रिहाई का फ़ैसला अटका पड़ा है|

हरचरण सिंह कहते हैं, "इतनी लंबी लड़ाई के बाद भी आज तक इस सवाल का जवाब नहीं मिला कि अगर भारत देश ने पाकिस्तान के 93 ,000 से ज़्यादा युद्ध बंदी सैनिक समझौते के बाद रिहा कर दिए थे और उनका इलाक़ा भी लौटा दिया था फिर भारत अपने युद्धबंदी आज तक रिहा क्यों नहीं करवा सका?"

भारत ने 93000 पाकिस्तानी युद्ध बंदियों से कैसा व्यवहार किया?

सन 1971 के भारत-पाक युद्ध में 93000 पाकिस्तानी सेना के अधिकारी और जवानों ने 16 दिसंबर, 1971 को भारतीय सेना के सामने हथियार डाल दिए थे | हथियार डालने के चार दिन बाद जनरल नियाज़ी और उनके वरिष्ठ सहयोगियों मेजर जनरल राव फ़रमान अली, एडमिरल शरीफ़, एयर कोमोडोर इनामुल हक़ और ब्रिगेडियर बाक़िर सिद्दीक़ी को कोरिबू विमान से कोलकाता ले जाया गया| जनरल सगत सिंह इन लोगों को ढाका हवाई अड्डे पर छोड़ने आए| उन्हें फ़ोर्ट विलियम के लिविंग क्वार्टर्स में रखा गया|

जनरल जैकब ने सरेंडर दस्तावेज़ को दोबारा टाइप करवाया क्योंकि मूल दस्तावेज़ में सरेंडर का समय ग़लत बताया गया था| नियाज़ी और जनरल अरोड़ा ने उस पर दोबारा दस्तख़त किए| शुरू के दिनों में जनरल जैकब ने नियाज़ी और उनके सहयोगियों से गहन पूछताछ की|

जनरल एएके नियाज़ी अपनी आत्मकथा 'द बिटरेयल ऑफ़ ईस्ट पाकिस्तान' में लिखते हैं, "हमें एक तीन मंज़िली इमारत में रखा गया जो नई-नई बनी थी| वो साफ़-सुथरी जगह थी| हमने एक कमरे को खाने का कमरा बना दिया| हमारा खाना भारतीय रसोइए बनाते थे लेकिन उन्हें हमारे अर्दली हमें परोसते थे| हम अपना समय रेडियो सुनने, किताबें पढ़ने और कसरत करने में बिताते थे|" "एक दिन मैंने अपनी देखरेख के लिए लगाए गए भारतीय अधिकारी कर्नल खारा से पूछा कि मेजर जनरल जमशेद कहाँ हैं? उन्होंने जवाब दिया कि वो अभी भी ढाका में प्रशासनिक कार्यों में हमारी मदद कर रहे हैं| बाद में मुझे पता चला कि उन्हें ढाका में न रखकर कलकत्ता की एक जेल में एकाँत क़ैद में रखा गया था|"

वीआईपी बंदियों को कलकत्ता से जबलपुर शिफ़्ट किया गया :कलकत्ता से नियाज़ी और उनके साथियों को जबलपुर के शिविर नंबर 100 में ले जाया गया|भारतीय अधिकारी मेजर जनरल राव फ़रमान अली को कलकत्ता में ही रख कर और पूछताछ करना चाहते थे लेकिन नियाज़ी ने इसका सख़्त विरोध किया| दरअसल भारतीय सैनिकों को फ़रमान अली के दफ़्तर में उनके हाथ का लिखा एक काग़ज़ मिला था जिस पर लिखा था 'ग्रीन लैंड विल बी पेंटेड रेड' (हरी ज़मीन को लाल रंग दिया जाएगा)|

नियाज़ी अपनी आत्मकथा में लिखते हैं, "हमें बैचलर्स ऑफ़िसर्स क्वार्टर्स में रखा गया था| हर अफ़सर को एक शयनकक्ष और उससे जुड़ा हुआ एक बाथरूम दिया गया था| एक कॉमन लिविंग रूम था जिसके सामने एक बरामदा था| कमरों की बहुतायत थी इसलिए हमने एक कमरे को नमाज़ रूम और दूसरे कमरे को मेस बना लिया था|" "हमें रोज़ एक जैसा खाना मिलता था, उबले हुए चावल, चपातियाँ, सब्ज़ियाँ और दाल| कभी-कभी हमें गोश्त भी दिया जाता था| हमारे कैंप को चारों तरफ़

से कंटीलें तारों से घेरा गया था| एक संतरी अल्सेशियन कुत्ते के साथ चौबीसों घंटे हमारी निगरानी करता था| कैंप के बाहरी इलाके में हमारी सुरक्षा के लिए भारतीय सैनिकों की एक पूरी बटालियन तैनात थी| कुल मिलाकर कैंप स्टाफ़ का व्यवहार हमारे साथ अच्छा था|"

युद्धबंदियों की देखभाल के लिए तैनात किए गए जनरल शहबेग सिंह

कैंप में नमाज़ का नेतृत्व जनरल अंसारी किया करते थे| पाकिस्तानी अधिकारियों को जिनीवा कन्वेंशन के नियमों के तहत 140 रुपए प्रति माह की तन्ख्वाह दी जाती थी, जिनसे वो किताबें, लिखने के काग़ज़ और रोज़मर्रा की चीज़ें ख़रीदा करते थे|एक भारतीय हवलदार की ड्यूटी लगाई गई थी जो बाज़ार से उनकी ज़रूरत की चीज़ें ख़रीद कर उन्हें सौंपा करता था|

कुछ दिनों बाद भारतीय सैनिकों ने शिविर के चारों तरफ़ एक दीवार बनानी शुरू कर दी थी| जब जनरल नियाज़ी ने इसका विरोध किया तो उन्हें बताया गया कि ऐसा इसलिए किया जा रहा है ताकि बाहर से लोग उन्हें न देख सकें| नियाज़ी लिखते हैं, "हमें बताया गया कि पाकिस्तान सरकार ने हमें मारने के लिए दो लोगों को भेजा है| जनरल पाडा ने मुझसे कहा कि उन्हें दिल्ली में सेना मुख्यालय में बुला कर बताया गया कि भारतीय इंटेलिजेंस ने कलकता में जमशेद नाम का एक व्यक्ति पकड़ा है जिसने बताया है कि उसे और एक और व्यक्ति को जनरल नियाज़ी को मारने के लिए भेजा गया है|"

"कुछ दिनों बाद जनरल पाडा की जगह मेजर जनरल शहबेग सिंह को वहाँ तैनात कर दिया गया| उनका व्यवहार मेरे साथ बहुत दोस्ताना था| वो ऐलानिया कहा करते थे कि भारत में सिखों के साथ अच्छा व्यवहार नहीं किया जा रहा| उन्होंने मुझे ख़ालिस्तान का नक्शा दिखाया था जिसमें पूरे पूर्वी पंजाब को शामिल किया गया था| बाद में 1984 में जब भारतीय सैनिकों ने स्वर्ण मंदिर के अंदर प्रवेश किया तो वो जरनैल सिंह भिंडरावाले के साथ थे और लड़ते हुए मारे गए|"

सुरंग खोद बाहर निकल जाने की योजना बनी

उधर कर्नल हकीम अरशद क़ुरैशी (जो बाद में मेजर जनरल बने) और उनके साथियों को 21 दिसंबर को बसों से भारत लाया गया| सड़क और रेल मार्ग से एक दिन और एक रात का सफ़र तय करने के बाद उन्हें राँची के युद्धबंदी शिविर नंबर 95 में ले जाया गया| जाते ही इन लोगों ने उस कैंप से निकल भागने की योजना बनानी शुरू कर दी| उन्हीं दिनों एक भारतीय कमाँडेंट ने कैंप का दौरा किया| वो ये देख कर बहुत नाराज़ हुआ कि शिविर को ढंग से मेनटेन नहीं किया जा रहा है|

मेजर जनरल हकीम अरशद क़ुरैशी ने अपनी किताब '1971 इंडो-पाक वॉर अ सोलजर्स नरेटिव' में लिखा, "जब वो कमाँडेंट चला गया तो हमने भारतीय जेसीओ से कहा कि वो हमें फावड़े और खुरपी उपलब्ध कराएं ताकि हम हर बैरक के सामने फूलों की क्यारी बना सकें ताकि जब कमांडेंट अगली बार आए तो उसे देख कर खुश हो जाए| हमें ये दोनों चीज़े दे दी गईं|"

"हम दिन में बागबानी करते और रात में इनकी मदद से सुरंग खोदते| पहले हमने खोदी हुई मिट्टी को एक बैरक की फ़ॉल्स सीलिंग में छिपाया| लेकिन एक दिन जब वो सीलिंग मिट्टी के बोझ से गिर गई तो हमने मिट्टी को क्यारियों में छितराना शुरू कर दिया|"

"जब सुरंग अपने अंतिम चरण में पहुंची तो हमने कैंप के अंदर और बाहर दोनों तरफ़ से भारतीय मुद्रा जमा करनी शुरू कर दी| हमने भारतीय सैनिकों की मदद से अपने सोने की अंगूठियाँ, घड़ियाँ और दूसरे मूल्यवान सामान बेच कर अच्छे ख़ासे रुपए जमा कर लिए|"

भारतीय सैनिकों को सुरंग का पता चला

लेकिन जिस दिन इन पाकिस्तानी सैनिकों को उस सुरंग के ज़रिए निकल भागना था सभी युद्धबंदियों को कैंप के बीचों बीच एकत्रित होने के लिए कहा गया| उनके चारों तरफ़ वॉच टावर्स और सशस्त्र गार्डों की

संख्या बढ़ा दी गई| कैंप कमाँडर कर्नल हाउज़े एक युद्धबंदी के कमरे में गए और उन्होंने एक पलंग के नीचे फैली लकड़ियों को हटाने के लिए कहा|

उसके बाद जब उन्होंने फ़र्श की कवरिंग को उठाया तो उन्हें एक गहरा छेद दिखाई दिया| उसके बाद उन्होंने सारे पाकिस्तानी युद्धबंदियों को जमा कर भाषण दिया कि शिविर से निकल भागने का प्रयास करना पाकिस्तानी युद्धबंदियों का कर्तव्य है| लेकिन उसी तरह उनको न भागने देना भी भारतीय सैनिकों का कर्तव्य है| अब एक अच्छे सैनिक की तरह उन लोगों को आगे आकर अपना जुर्म कबूल करना चाहिए जिन्होंने ये प्रयास किया था, ताकि बिना वजह दूसरे युद्धबंदियों को उसकी सज़ा न भुगतनी पड़े|

सुरंग खोदने की सज़ा

मेजर जनरल क़ुरैशी लिखते हैं, "हम में से 29 लोगों ने इस हरकत की ज़िम्मेदारी अपने ऊपर लेने का फ़ैसला किया| दरअसल हमारे ही किसी साथी ने हमें धोखा दिया था| उसने न सिर्फ़ सुरंग की जगह के बारे में भारतीयों से मुखबरी की बल्कि उन्हें ये भी बताता रहा कि सुरंग कहाँ तक खोदी जा चुकी है| शाम को हमें इसकी सज़ा दी गई| हमसे हमारी चारपाइयाँ और निजी सामान छीन लिया गया|"

"हॉल में साथ खाना खाने की सुविधा वापस ले ली गई, खाने के बाद टहलने और बाहर से किसी चीज़ के मंगवाने पर भी पाबंदी लगा दी गई| हमारी दिन में कई बार हाज़िरी ली जाने लगी|" एक लेफ़्टिनेंट कर्नल के नेतृत्व में इस घटना की जाँच के आदेश दे दिए गए| कुछ दिनों बाद इन दोषी युद्धबंदियों को कैंप नंबर 95 से कैंप नंबर 93 में शिफ़्ट कर दिया गया| लेकिन यहाँ पर उन्हें बहुत कम दिनों के लिए रखा गया|

कुछ युद्धबंदियों को आगरा ले जाया गया

इसका विवरण देते हुए मेजर जनरल अरशद कुरैशी ने अपनी किताब में लिखा, "20 जून, 1972 को हमें हथकड़ियाँ पहनाकर एक ट्रक पर लाद कर रेलवे स्टेशन ले जाया गया| शिविर के बाकी युद्धबंदी हमारा हश्र देख रहे थे|"

"उनको ये संदेश देने की कोशिश की जा रही थी कि वो ऐसी हरकत करने की जुर्रत न करें| हमें एक ऐसे ट्रेन के डिब्बे में बैठाया गया जिसे बाहर से लॉक किया जा सकता था| हालांकि शौचालय में कमोड था लेकिन सुरक्षा कारणों से उसके दरवाज़े हटा दिए गए थे| हमें हथकड़ियों के साथ पाँव में बेड़ियाँ भी पहनाई गई थीं|"

"खाना खाते समय भी हमारे हाथ खोले नहीं गए थे| हथकड़ियों के साथ खाना एक तरह की सज़ा थी क्योंकि हम जितना खा नहीं रहे थे उतना वो खाना अपने कपड़ों पर गिरा रहे थे| हमें डिब्बे में मौजूद सभी लोगों के सामने टॉयलेट का इस्तेमाल करना होता था| वहाँ पर न तो कोई टॉयलेट पेपर था और न ही हाथ धोने के लिए पानी| अचानक मुझे लगा कि मैं अपनी आँखों से दुनिया के आठवें आश्चर्य ताजमहल को देख रहा हूँ| हम आगरा पहुंच चुके थे| तारीख़ थी 21 जून, 1972. भारत का संबसे लंबा और गर्म दिन|"

पाकिस्तानी कैप्टन डॉक्टर का भेष बदलकैदसे भागा

आगरा जेल उस समय भारत की सबसे अधिक सुरक्षित जेल थी| यहाँ करीब 200 पाकिस्तानी युद्धबंदियों को रखा गया था| भारतीय जेल में जनरल कुरैशी का अनुभव अच्छा नहीं था क्योंकि उन्हें भाग निकलने का प्रयास करने की सज़ा मिल रही थी| लेकिन एक दूसरा पाकिस्तानी अफ़सर इतनी कड़ी सुरक्षा के बावजूद भाग निकलने में सफल हो गया था| कैप्टन रियाज़ुल हक ने बीमार होने का बहाना बना अपने आप को एक युद्धबंदी अस्पताल में भर्ती करा लिया था| एक दिन वो डॉक्टर का सफ़ेद कोट पहन अपने गले में स्टेथोस्कोप लगाए अस्पताल से भाग निकलने में सफल हो गया| इसी तरह कैप्टन शुजात अली भी चलती ट्रेन से कूदकर भाग निकलने में कामयाब हो गए थे| लेकिन इसका बदला

लेने के लिए भारतीय सैनिकों ने एक दूसरे युद्धबंदी मेजर नसीबुल्लाह को गोली मार दी थी|

युद्धबंदियों को दिखाई गई पाकीज़ा फ़िल्म

अगर इन घटनाओं को अलग कर दिया जाए, भारत द्वारा पाकिस्तानी युद्धबंदियों के साथ अच्छा व्यवहार करने की चर्चा विश्व प्रेस में हुई थी| भारत के उप-सेनाध्यक्ष रहे लेफ़्टिनेंट जनरल एसके सिन्हा अपनी किताब 'चेंजिंग इंडिया स्ट्रेट फ़्रॉम द हार्ट' में लिखते हैं, "वरिष्ठ भारतीय असैनिक और सैनिक मुस्लिम अफ़सरों को इन युद्धबंदियों से बात करने के लिए बुलाया जाता था| इनके लिए मुशाएरे और फ़िल्म शो आयोजित किए जाते थे| हमने उन्हें पाकीज़ा और साहिब बीबी और गुलाम पिक्चर दिखाई थी जिसे उन्होंने बहुत पसंद किया था|"

"रुड़की में हमने पाकिस्तानी और भारतीय अधिकारियों के बीच क्रिकेट मैच भी आयोजित किया था| वॉशिंगटन पोस्ट के एक संवाददाता ने इन कैंप्स का दौरा करने के बाद लिखा था, दुनिया में कहीं भी युद्धबंदियों के साथ इतना अच्छा व्यवहार नहीं किया गया| ये भारतीय सेना की बहुत बड़ी तारीफ़ थी|"

पाकिस्तानी सैनिकों के लिए बैरक, भारतीय सैनिकों के लिए तंबू

जनरल सैम मानेक शॉ की जीवनी लिखने वाले जनरल देपिंदर सिंह भी लिखते हैं, "पाकिस्तानी युद्धबंदियों के साथ भारत में बहुत अच्छा व्यवहार हुआ| उनको वही राशन और कपड़े दिये गये जो भारतीय सैनिकों को दिये जाते थे| युद्ध की समाप्ति के बाद जहाँ पाकिस्तानी युद्धबंदियों को बैरक्स में रखा गया, भारतीय सैनिक बाहर तंबुओं में रहे|"

"हमें अपने सैनिकों को ये समझाने में बहुत दिक्कत हुई कि उन्हें तंबुओं में इतनी कठिन परिस्थितियों में क्यों रखा जा रहा है, जबकि

पाकिस्तानी युद्धबंदियों के बैरक्स में पानी भी आ रहा था और कूलर और पंखे भी चल रहे थे|"

हर मुस्लिम त्योहार पर सैम मानेक शॉ ने हर पाकिस्तानी युद्धबंदी को बधाई का संदेश भेजा| जनरल नियाज़ी भी स्वीकार करते हैं कि भारत द्वारा पाकिस्तान के युद्धबंदियों को छोड़ने के और भी दूसरे कारण रहे हों लेकिन एक कारण ये भी था कि वो उनको न सिर्फ़ खाना खिला रहे थे बल्कि कम ही सही लेकिन वेतन भी दे रहे थे जो भारत जैसे ग़रीब देश के लिए भारी पड़ रहा था|

28 महीने बाद जनरल नियाज़ी की रिहाई

वो दिन भी आया जब जनरल नियाज़ी को जबलपुर रेलवे स्टेशन पर पाकिस्तान जाने वाली एक विशेष ट्रेन पर बैठाया गया| 30 अप्रैल, 1974 की सुबह ट्रेन वाघा सीमा पर पहुंची| पाकिस्तान में घुसने से पहले उन्हें चाय पिलाई गई| भारत की जेल में उन्होंने 28 महीने बिताए थे| पाकिस्तानी सीमा के पार उनके स्वागत में शामियाने लगाए गए थे| जनरल नियाज़ी लिखते हैं, "जब मैंने सीमा पार की तो एक ब्रिगेडियर अंजुम ने मुझे सेल्यूट कर कहा सर आपको प्रेस के सामने कोई वक्तव्य नहीं देना है| फिर उसने एक चार इंच का आयताकार कार्ड बोर्ड निकाला जिस पर नंबर 1 लिखा हुआ था| उसने मुझसे कहा कि इसे मैं अपने सीने पर चिपका लूँ ताकि इसकी तस्वीर खींची जा सके|" "जब मैंने उससे पूछा कि क्या दूसरे युद्धबंदी जनरलों की भी इसी तरह तस्वीर खींची गई है तो उसने इससे इंकार किया| उसने ये ज़रूर कहा कि ऐसा जनरल टिक्का के आदेश पर किया जा रहा है| मैं बहुत नाराज़ हो गया| मैंने अंजुम से कहा इससे पहले कि मैं अपना आपा खोऊँ तुम यहाँ से दफ़ा हो जाओ|"

23

बाबा हरभजन सिंह

"जब तक ईश्वर तुम्हारे साथ है तब तक दुनिया की कोई भी ताकत तुम्हें हरा नही सकती है।"

भारत चमत्कारों को देश है। अगर आप इस कहानी पर विश्वास नहीं करना चाहेंगे तो फिर भी ऐसे हजारों किस्से हैं जो आपको हैरत में डाल देंगे और आप को परमात्मा और अन्य तरह की अदृश्य शक्तियों पर विश्वास होने लगेगा। धार्मिक आस्था के किस्से तो आपने सुने होंगे, लेकिन सेना से संबंधित एक बहुत रोचक किस्सा है जो हर किसी को हैरत में डालता है। भारत के सिक्किम में चीन की सीमा के पास एक पूर्व भारतीय सैनिक का मंदिर है। इस सैनिक को उनकी मौत के बाद भी सैनिक उन्हे सम्मान देते हैं और यहां तक कि चीन के सैनिक भी इस सैनिक को इसी तरह का सम्मान देते हैं। आइए जानते हैं बाबा हरभजन सिंह की कहानी!

बाबा हरभजन सिंह - भारतीय सेना के एक ऐसे सैनिक थे, जिनके बारे में यह माना जाता है कि अपनी मृत्यु के बाद आज भी वह देश की सरहद की रक्षा कर रहे हैं। इस सिपाही को अब लोग 'कैप्टन बाबा हरभजन सिंह' के नाम से पुकारते हैं। उनकी मृत्यु 11 सितंबर 1968 में सिक्किम के साथ लगती चीन की सीमा के साथ नाथूला दर्रे में गहरी खाई में गिरने से हो गई थी। लोगों का ऐसा मानना है कि तब से लेकर आज तक यह सिपाही भूत बनकर सरहदों की रक्षा कर रहा है। इस बात

पर हमारे देश के सैनिकों को पूरा विश्वास तो है ही, साथ ही चीन के सैनिक भी इस बात को मानते हैं, क्योंकि उन्होंने कैप्टन बाबा हरभजन सिंह को मरने के बाद घोड़े पर सवार होकर सरहदों की गश्त लगाते हुए देखा है।

हरभजन सिंह का जन्म 3 अगस्त, 1941 को पंजाब के कपूरथला जिले में ब्रोंदल नामक ग्राम में हुआ था। उन्होंने अपनी प्रारम्भिक शिक्षा गाँव के ही स्कूल से प्राप्त की थी। मार्च, 1955 में उन्होंने 'डी.ए.वी. हाई स्कूल', पट्टी से मेट्रिकुलेशन किया था।

जून, 1956 में हरभजन सिंह अमृतसर में एक सैनिक के रूप में भर्ती हुए और सिग्नल कोर में शामिल हो गए। 30 जून, 1965 को उन्हें एक कमीशन प्रदान किया गया और वे '14 राजपूत रेजिमेंट' में तैनात हुए। वर्ष 1965 के भारत-पाकिस्तान युद्ध में उन्होंने अपनी यूनिट के लिए महत्त्वपूर्ण कार्य किया। इसके बाद उनका स्थानांतरण '18 राजपूत रेजिमेंट' के लिए हुआ।

वर्ष1968 में कैप्टन हरभजन सिंह '23वीं पंजाब रेजिमेंट' के साथ पूर्वी सिक्किम में सेवारत थे। 4 अक्टूबर, 1968 को खच्चरों का एक काफिला लेकर, पूर्वी सिक्किम के तुकुला से डोंगचुई तक, जाते समय पाँव फिसलने के कारण एक नाले में गिरने से उनकी मृत्यु हो गई। पानी का तेज बहाव होने के कारण उनका पार्थिव शरीर बहकर घटना स्थल से 2 कि.मी. की दूरी पर जा पहुँचा। जब वे तीन दिनो तक नहीं मिले तो आर्मी के लोगो ने उन्हें भगोड़ा घोषित कर दिया था। फिर चौथे दिन बाबा हरभजन सिंह उनके दोस्त प्रीतम सिंह के सपने में आए। ऐसा विश्वास किया जाता है कि उन्होंने अपने साथी सिपाही प्रीतम सिंह को सपने में आकर अपनी मृत्यु की जानकारी दी और बताया कि उनका शव कहाँ पड़ा है। उन्होंने प्रीतम सिंह से यह भी इच्छा जाहिर की कि उनकी समाधि भी वहीं बनाई जाए।उनकी लाश वहीं मिली जहां उन्होंने बताया था | बाबा की लाश देख कर सभी को अफ़सोस हुआ कि उनकी हालत पता न होते हुए भी उन्हे "भगोड़ा" कहा गया। पहले प्रीतम सिंह की बात का किसी ने विश्वास नहीं किया, लेकिन जब उनका शव उसी स्थल पर मिला, जहाँ उन्होंने बताया था तो सेना के अधिकारियों को उनकी बात पर विश्वास

हो गया। सेना के अधिकारियों ने उनकी 'छोक्या छो' नामक स्थान पर समाधि बनवाई।

मृत्युपरांत बाबा हरभजन सिंह अपने साथियों को नाथुला के आस-पास चीन की सैनिक गतिविधियों की जानकारी सपनों में देते थे, जो हमेशा सत्य होती थी। तभी से बाबा हरभजन सिंह अशरीर भारतीय सेना की सेवा करते आ रहे हैं और इसी तथ्य के मद्देनज़र उनको मृत्युपरांत अशरीर भारतीय सेना की सेवा में रखा गया है। श्रद्धालुओं की सुविधा को ध्यान में रखते हुए पुनः उनकी समाधि को 9 कि.मी. नीचे नवम्बर, 1982 में भारतीय सेना के द्वारा बनवाया गया। मान्यता यह है कि यहाँ रखे पानी की बोतल में चमत्कारिक गुण आ जाते हैं और इसका 21 दिन सेवन करने से श्रद्धालु अपने रोगों से छुटकारा पा जाते हैं।

इसके बाद हरभजन सिंह के साथियों ने उस बंकर को ही मंदिर का रूप दे दिया जिसमें वो रहते थे | पूजापाठ का भी काम खुद सैनिक ही करते हैं| बाद में उनके लिए मंदिर का भव्य निर्माण भी किया गया| यह मंदिर गंगटोक के जेलेप्ला और नाथुला दर्रे के बीच स्थित है| नया मंदिर 13 000 फुट की ऊंचाई पर है जबकि बंकर वाला मंदिर 14000 हजार फुट की ऊंचाई पर है|

चीनी सिपाहियों ने भी उन्हे घोड़े पर सवार होकर रात में गश्त लगाने की पुष्टि की है। आस्था का आलम ये है कि जब भी भारत-चीन की सैन्य बैठक सीमा के नाथुला नामक स्थान में होती है तो उनके लिए एक ख़ाली कुर्सी रखी जाती है। इसी आस्था एवं अशरीर सेवा के लिए भारतीय सेना उनको सेवारत मानते हुए प्रत्येक वर्ष 15 सितम्बर से 15 नवम्बर तक की छुट्टी मंजूर करती है और बड़ी श्रद्धा के साथ स्थानीय लोग एवं सैनिक एक जुलुस के रूप में उनकी वर्दी, टोपी, जूते एवं साल भर का वेतन, दो सैनिकों के साथ, सैनिक गाड़ी में नाथुला से न्यू जलपाईगुड़ी रेलवे स्टेशन तक लाते हैं। वहाँ से डिब्रूगढ़-अमृतसर एक्सप्रेस से उन्हें जालंधर (पंजाब) लाया जाता है। यहाँ से सेना की गाड़ी उन्हें गाँव में उनके घर तक छोड़ने जाती है। वहाँ सब कुछ उनके घर वालों को सौंपा जाता है। फिर उसी ट्रेन से उसी आस्था एवं सम्मान के साथ उनको समाधि स्थल, नाथुला लाया जाता है

कुछ लोग इस आयोजन को अंधविश्वास को बढ़ावा देने वाला मानते थे, इसलिए उन्होंने अदालत का दरवाज़ा खटखटाया; क्योंकि सेना में किसी भी प्रकार के अंधविश्वास की मनाही होती है। लिहाज़ा सेना ने बाबा हरभजन सिंह को छुट्टी पर भेजना बंद कर दिया। अब बाबा साल के बारह महीने ड्यूटी पर रहते हैं। मंदिर में बाबा का एक कमरा भी है, जिसमें प्रतिदिन सफ़ाई करके बिस्तर लगाया जाता है। बाबा की सेना की वर्दी और जूते रखे जाते हैं। कहते हैं कि रोज़ पुनः सफ़ाई करने पर उनके जूतों में कीचड़ और चद्दर पर सलवटें पाई जाती हैं। जब कभी किसी सैनिक की सीमा पर पहरा देते वक्त आंख लग जाती है तो उनको हवा से चांटे भी पड़ते हैं। मानो कोई उन्हें जगा रहा हो। सेना ने उन्हें 'बाबा' की उपाधि दी है। वे हमेशा अमर रहेंगे। भारतीय सेना के जवान उन्हें "नाथुला के नायक" के रूप में याद करते हैं। हरभजन एक वीर जवान हैं जिनके बारे में माना जाता है कि वे शहीद होकर भी देश की सेवा कर रहे हैं| वे हर दिल में आज भी अमर हैं।

टिप्पणी :यह कहानी किसी भी पाठक को अंधविश्वास में रखने के लिए नहीं बल्कि स्थानीय लोगों की आस्था और सैनिकों के विश्वास को दर्शाती है| इस कहानी पर यकीन करना या न करना पाठकों के विवेक,आस्था और विश्वास पर निर्भर है |

सूचनाः शौर्यगाथा का दूसरा भाग भी प्रकाशित हो रहा है जो Notionpress.com पर उपलब्ध होगा|

लेखकसेपत्रव्यवहारकापता : rps1959@gmail.com,मोबाईलनंबर 7000153809

येसभीउपन्यासNotionpress.com, Amazon.in and Flipcartपरउपलब्धहैं।